書いて味わう

阿弥陀経

amidakyou

［書］山本 慧
［解説］真名子 晃征

JN199846

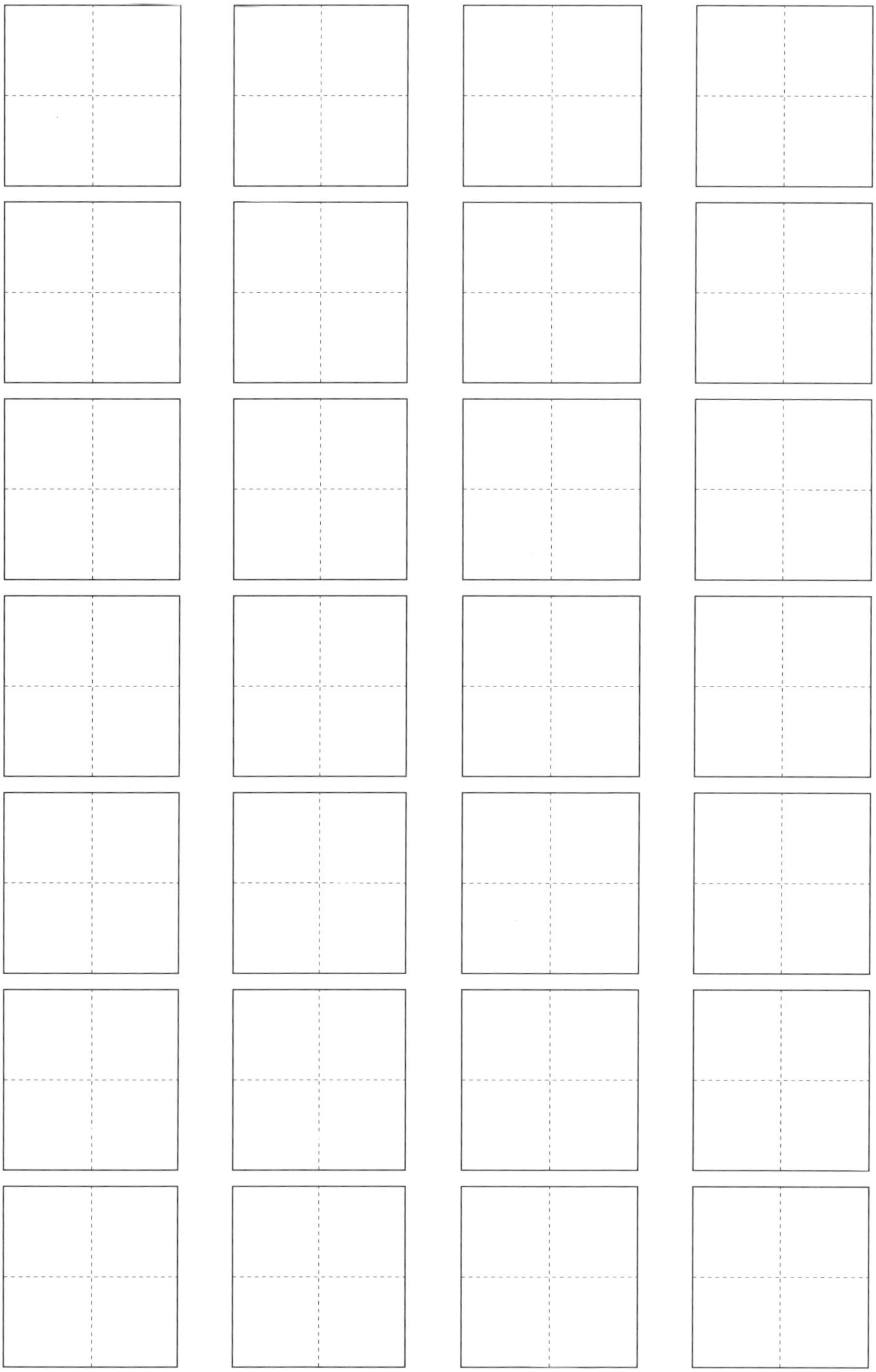

目次

本書のねらい

舎利弗よ、舎利弗よ……

この『書いて味わう阿弥陀経』であなたが最も多く書く言葉は「舎利弗《しゃりほつ》」でしょう。舎利弗とは、釈尊《しゃくそん》の弟子のひとりであるシャーリプトラのことです。『阿弥陀経』では終始、釈尊が舎利弗に語りかける形で話が進んでいきます。

本書はタイトルの通り、ただ書くだけでなく、その内容を「味わう」ことを目的としています。そのために「舎利弗」と書く際には、頭の中でそれを自分の名前に置き換えてみてください。この『阿弥陀経』の教えは、釈尊が舎利弗にむけて語ったものではありますが、その内容は今に生きる私のために説かれたものでもあるのですから。

書いて味わう

本書は、書くことにより、味わいを深めることを目的として、編集しました。聖典の文字を書くことは、読む場合とは異なる味わいがあります。実際に、一文字一文字丁寧に、奥深い意味を持った言葉を書くことで、仏さまのおこころを感じ取ることができると思います。

そこで本書では、現代語訳、語註によって、文字や言葉を味わうことに重点を置きました。

書体は、なじみやすい楷書とし、なるべく現代使用されているものとしました。ご自身のペースで書き進んでください。文字を書かれたら、現代語訳、ポイントなどを読むことへ戻られることをおすすめします。

本書の使い方

◆文字をなぞって

本文の横にある文字をなぞりながら、書き進めてください。筆記用具は、筆・筆ペン・鉛筆・ボールペン・ペン、いずれでも使いやすいものでお書きください。

◆臨書の場合

直接、半紙や用紙に書く場合は、扉ページ裏掲載の枠を下敷きにお使いいただくと、配字が容易です。

◆研修会・法座などで

テキストとして活用していただければ、より学習した内容が身に付き、さらに書くことで予習・復習としても活用できます。

◆経本への心がけ

経本を開く時は、両手で経本の下部を握り、目の高さまで静かに持ち上げて、いただいてから開きます。閉じた後も同様です。また、直接床や足下には置かず、机やものの上に置きます。

これは、み教えに対する敬いの思いを表します。そして、インドから中国を経て日本まで教えを伝えてくださった方がたのご苦労、印刷のない時代に、一文字一文字、書き写された書物への敬いの姿勢です。

印刷された経本にも同様の配慮をお願いいたします。

『仏説阿弥陀経』について

『仏説阿弥陀経』とは

浄土真宗の依りどころとなるのは、阿弥陀仏の教えが説かれた『仏説《ぶっせつ》無量寿経《むりょうじゅきょう》』『仏説《ぶっせつ》観無量寿経《かんむりょうじゅきょう》』『仏説阿弥陀経《ぶっせつあみだきょう》』という三つの経典です。この三つを合わせて「浄土三部経《じょうどさんぶきょう》」といいます。本書ではそのひとつである『阿弥陀経』を取り扱います。

『阿弥陀経』は「浄土三部経」のなかでは一番短い経典で、『小経』とも呼ばれ、三部経の中では比較的よくお勤めされる経典です。二〇〇〇字にも満たない短い経典ではありますが、この経典の中には、阿弥陀仏の世界である「極楽《ごくらく》浄土」の様子と、その浄土に生まれる方法としての念仏の教えが説かれています。

釈尊と阿弥陀仏

『阿弥陀経』には、たくさんの〝仏〟が登場します。その中でも中心となるのは、釈尊（お釈迦《しゃか》さま、釈迦牟尼仏《しゃかむにぶつ》とも）と阿弥陀仏（阿弥陀さま、阿弥陀如来とも）です。釈尊はおよそ二五〇〇年前にインドに生まれ、八十歳で亡くなられました。この世界に現れた仏は釈尊ひとりで、いま私たちが住むこの世界に仏はいません。一方、阿弥陀仏は、私たちの住むこの世界から西の方、はかりしれないほど進んだところにある「極楽浄土」という世界に、今現在もいらっしゃる仏です。

釈尊がおられた時代、また亡くなってからほどなくは、まだまだ自分の力で真理をさとるひとがいました。しかしそれから時間が経つにつれて、それも難しくなってきます。そこで現れるのが「浄土」という世界です。「浄土」というのは仏がおられる世界のことで、そこに往き生まれること（往生）で、周囲のさまざまな問題に思い悩むことなく、仏と同様の真理をさとることができるようになります。その浄土のなか、阿弥陀仏のおられる世界を「極楽浄土」といいます。

『阿弥陀経』のおおまかな内容は、釈尊が阿弥陀仏の世界である「極楽浄土」をほめたたえて、その浄土に生まれたいと願いなさいと勧めている、ということになります。そして、その他に登場する多くの仏も釈尊の話を聞いて、同じくその浄土をほめたたえるのです。

※仏の数だけ、浄土も存在します。本書でいう「浄土」とは、阿弥陀仏の世界である「極楽浄土」を指します。

◆『仏説阿弥陀経』の構成

どの経典もおおよそ、「序分《じょぶん》」「正宗分《しょうしゅうぶん》」「流通分《るづうぶん》」の三つに分けることができます。序論・本論・結論と考えてもらえばよいでしょう。『阿弥陀経』では、本論にあたる正宗分をさらに「依正《えしょう》段」「因果《いんが》段」「証誠《しょうじょう》段」の三つに分けることができます。

- 序　分（序論）
- 正宗分（本論）
  - 依正段：阿弥陀仏と菩薩たち（正）と、極楽浄土（依）の姿を明かす
  - 因果段：全ての者が浄土に往生する因果を明かす
  - 証誠段：多くの仏が、念仏の教えを証明し（証誠）、この教えを勧める
- 流通分（結論）

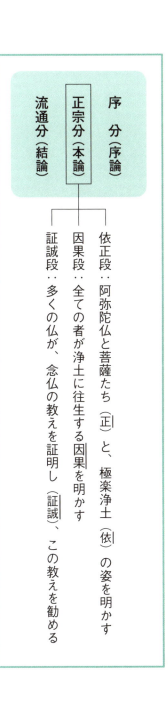

〈依正段〉

依正段では、阿弥陀仏の極楽浄土のうるわしいすがたが示されます。「依正」とは、阿弥陀仏とその世界に住む菩薩たち（正報）と、その世界である極楽浄土（依報）のことを指します。

浄土は、建物や並木など見渡す限りの景色が金・銀・瑠璃《るり》・水晶などのさまざまな宝でできており、目に見えるものすべてが光りかがやく世界です。しかし、それだけではありません。そこには蓮の花の香りがひろがり、色とりどりの鳥たちがその美しい声で絶えず仏法を説いています。

このようにして、浄土のうるわしいすがたを示しながら、その世界が「極楽」と呼ばれる理由が説明されています。

〈因果段〉

因果段では、すべてのものが一心に念仏することによって、浄土に往生することができると示されます。浄土に往生する「因果」（原因と結果）が説かれるということです。

まず、阿弥陀仏の名前の意味するところについて説明されています。阿弥陀仏のはたらきは時と場所を選ばず、つねにはたらき続けています。そのはたらきが「阿弥陀」という名前に含まれているというのです。そして、その阿弥陀仏のはたらきによって、私たちは浄土へと生まれていくことができると示されます。念仏の教えの根拠となる部分です。

〈証誠段〉

証誠段では、他の多くの仏がこの阿弥陀仏のはかりしれないほどの功徳《くどく》をほめたたえ、お護りくださると示されます。

「証誠」とは「誠のことばをもって証明する」という意味で、ここでは東・南・西・北・下・上方の六方の仏がみな同じく阿弥陀仏をほめたたえ、この経を信じるように勧められます。このことから、「六方段《ろっぽうだん》」とも呼ばれます。阿弥陀仏の浄土に生まれたいと願う人びとは、みなこの浄土に生まれることができると示されるのです。

この多くの仏の称讃は、この世界でさとりをひらき、尊い教えを説いた釈尊にも向けられます。そして、この『阿弥陀経』に説かれる教えは「難信《なんしん》の法」（信じがたいほどの尊い教え）ともいわれます。

序分

祇園精舎に、たくさんの弟子、菩薩、神々までもが集まってきます。彼らはみな、釈尊の話を聞くためにやってきたのです。

如是我聞一時仏

如是我聞一時仏

在舎衛国祇樹給

在舎衛国祇樹給

孤独園与大比丘

孤独園与大比丘

衆千二百五十人

衆千二百五十人

書き下し

かくのごとく、われ聞《き》きたてまつりき。ひと時《とき》、仏《ぶつ》、舎衛国《しゃえこく》の祇樹給孤独園《ぎじゅきっこどくおん》にましまして、大比丘《だいびく》の衆《しゅう》、千二百五十人《せんにひゃくごじゅうにん》と倶《とも》なりき。みなこれ大阿羅漢《だいあらかん》なり。衆《しゅう》に知識《ちしき》せらる。

現代語訳

次《つぎ》のように、わたしは聞《き》かせていただいた。

あるとき、釈尊《しゃくそん》は舎衛国《しゃえこく》の祇園精舎《ぎおんしょうじゃ》においでになって、千二百五十人《せんにひゃくごじゅうにん》のすぐれた弟子《でし》たちとご一緒《いっしょ》であった。

これらはみな世《よ》に知《し》られた徳《とく》の高《たか》い阿《あ》羅漢《らかん》であって、

倶皆是大阿羅漢
倶皆是大阿羅漢

衆所知識長老舎
衆所知識長老舎

利弗摩訶目犍連
利弗摩訶目犍連

摩訶迦葉摩訶迦
摩訶迦葉摩訶迦

味わう

- **仏** 仏陀《ぶっだ》ともいう。目覚めたもの、真理をさとったものという意味で、ここでは釈尊を指す。
- **舎衛国《しゃえこく》** 舎衛城ともいう。釈尊の時代、インドにあったコーサラ国の首都。
- **祇樹給孤独園《ぎじゅきっこどくおん》** 祇園精舎《ぎおんしょうじゃ》ともいう。『阿弥陀経』が説かれる舞台。
  - ※くわしくは、コラム「『阿弥陀経』の舞台、祇園精舎」（七三頁）で。
- **比丘《びく》** 出家した仏教徒の男性。同じく出家した女性を比丘尼《びくに》という。
- **阿羅漢《あらかん》** 煩悩を滅し尽くした者。仏弟子の到達する最高位を指すこともある。
- **長老舎利弗（～阿㝹楼駄《あぬるだ》）** この『阿弥陀経』の教えが説かれる際、その場にいた弟子たち。

旃延摩訶俱絺羅

離婆多周利槃陀

伽難陀阿難陀羅

睺羅憍梵波提賓

書き下し

長老舎利弗《ちょうろうしゃりほつ》・摩訶目犍連《まかもくけんれん》・摩訶迦葉《まかかしょう》・摩訶迦旃延《まかかせんえん》・摩訶倶絺羅《まかくちら》・離婆多《りはた》・周利槃陀伽《しゅりはんだが》・難陀《なんだ》・阿難陀《あなんだ》・羅睺羅《らごら》・憍梵波提《きょうぼんはだい》・賓頭盧頗羅堕《びんずるはらだ》・迦留陀夷《かるだい》・摩訶劫賓那《まかこうひんな》・薄拘羅《はくら》・阿㝹楼駄《あぬるだ》、かくのごときらのもろもろの大弟子《だいでし》、

現代語訳

そのおもなものは、長老《ちょうろう》の舎利弗《しゃりほつ》をはじめ摩訶目犍連《まかもくけんれん》・摩訶迦葉《まかかしょう》・摩訶迦旃延《まかかせんえん》・摩訶倶絺羅《まかくちら》・離婆多《りはた》・周利槃陀伽《しゅりはんだが》・難《なん》陀《だ》・阿難陀《あなんだ》・羅睺羅《らごら》・憍梵波提《きょうぼんはだい》・賓頭盧《びんずる》頗羅堕《はらだ》・迦留陀夷《かるだい》・摩訶劫賓那《まかこうひんな》・薄拘《はく》羅《ら》・阿㝹楼駄《あぬるだ》などの弟子《でし》たちであった。

頭盧頗羅堕迦留
頭盧頗羅堕迦留
陀夷摩訶劫賓那
陀夷摩訶劫賓那
薄拘羅阿㝹楼駄
薄拘羅阿㝹楼駄
如是等諸大弟子
如是等諸大弟子

味わう

●**摩訶目犍連**《まかもくけんれん》　目犍連、目連ともいう。釈尊十大弟子の一人で、神通第一と称される。『観無量寿経』では、その神通力によって、空を飛んで教えを説きに行ったとある。

●**羅睺羅**《らごら》　釈尊十大弟子の一人で、蜜行第一（戒律を細かく守ること第一）と称される。釈尊の実子で、釈尊がさとりを開き故郷へ帰られたおりに出家した。

●**阿難陀**《あなんだ》　阿難ともいう。釈尊十大弟子の一人で、多聞第一と称される。釈尊が亡くなるまでの二十年あまり、常に伴って説法を聞いた。

弁諸菩薩摩訶薩
文殊師利法王子
阿逸多菩薩乾陀
訶提菩薩常精進

書き下し

ならびにもろもろの菩薩摩訶薩《ぼさつまかさつ》、文殊師《もんじゅし》利《り》法王子《ほうおうじ》・阿逸多菩薩《あいったぼさつ》（弥勒）・乾陀訶提《けんだかだい》菩薩《ぼさつ》・常 精進《じょうしょうじん》菩薩《ぼさつ》、かくのごときらのもろもろの大菩薩《だいぼさつ》、および釈 提桓因等《しゃくだいかんいんとう》の無量《むりょう》の諸天大衆《しょてんだいしゅ》と倶《とも》なりき。

現代語訳

またすぐれた菩薩《ぼさつ》たち、すなわち文殊《もんじゅ》菩《ぼ》薩《さつ》・弥勒《みろく》菩薩《ぼさつ》・乾陀訶提《けんだかだい》菩薩《ぼさつ》・常 精進《じょうしょうじん》菩薩《ぼさつ》などの菩薩《ぼさつ》たちや、その他《ほか》、帝釈天《たいしゃくてん》などの数限《かずかぎ》りないさまざまな神々《かみがみ》ともご一緒《いっしょ》であった。

菩薩与如是等諸
大菩薩及釈提桓
因等無量諸天大
衆倶

味わう

●**菩薩**　菩提薩埵《ぼだいさった》の略。もとは、さとりを開く前の釈尊をさす言葉であったが、後に出家・在家・男・女を問わず、自己のさとりだけでなく、あらゆるものがさとりを得られる道をもとめて修行するすべてのものに対して、用いられるようになる。

●**文殊師利《もんじゅしり》法王子（〜常精進《じょうしょうじん》菩薩）**　説法の座に居合わせた菩薩たち。

●**釈提桓因《しゃくだいかんいん》**　帝釈天《たいしゃくてん》ともいう。古代インドのヴェーダ聖典における最も有力な神であったが、仏教に取り入れられて梵天とともに仏法の守護神となった。

コラム 1

「如《にょ》是《ぜ》我《が》聞《もん》」とは

一般に、経典は「如是我聞」もしくは「我聞如是」で始まります。「このように、私は聞いた」という意味です。経典は、釈尊が亡くなられた後に開かれた、経典の編集会議（結集《けつじゅう》）でまとめられました。弟子たちは、自身がこれまでに聞いた釈尊の教えを他の弟子たちの前で話します。周囲の弟子がそれを聞いて、釈尊の教えであると承認されたものが経典となります。

私たちが何かを話すときには、どうしても私見が入ってしまいます。しかし釈尊が説かれた真実の教えにはそれが許されません。ですから、ここでは弟子である阿難《あなん》が、釈尊に聞いたままであると宣言しているのです。

続いて、多くの弟子たちの名前が列挙されますが、これもまた阿難ひとりでなく、多くの者たちがその説法を聞いたということで、証明の役目を果たしています。

同時にこの「如是我聞」は、それを伝える者がこの教えを聞いたまま疑いなく信じている、ということをあらわしています。ただ聞いただけで信じていないのであれば、経典には何の意味もありません。現代に生きる私たちは「浄土なんて本当にあるのか」「念仏だけで往生できるのか」と疑ってしまいがちです。

この聞いたまま疑いなく受けとるという阿難の姿勢は、いま経典にむかう私たちのよいお手本といえるでしょう。「如是我聞」の「我」とは、今に生きるこの「私」のことでもあるのです。

正宗分　依正段

いよいよ釈尊のお話がはじまります。依正段では、光かがやく建物や並木、色とりどりの鳥たちなど、浄土のうるわしいすがたが事細かに示されます。

爾時仏告長老舎
利弗従是西方過
十万億仏土有世
界名曰極楽其土

爾時仏告長老舎
利弗従是西方過
十万億仏土有世
界名曰極楽其土

書き下し

その時《とき》、仏《ぶつ》、長老舎利弗《ちょうろうしゃりほつ》に告《つ》げたまはく、「これより西方《さいほう》に、十万億《じゅうまんおく》の仏土《ぶつど》を過《す》ぎて世界《せかい》あり、名《な》づけて極楽《ごくらく》といふ。その土《ど》に仏《ぶつ》まします、阿弥陀《あみだ》と号《ごう》す。いま現《げん》にましまして法《ほう》を説《と》きたまふ。舎利弗《しゃりほつ》、かの土《ど》をなんがゆゑぞ名《な》づけて極楽《ごくらく》とする。

現代語訳

そのとき釈尊《しゃくそん》は長老《ちょうろう》の舎利弗《しゃりほつ》に仰《おお》せになった。

「ここから西《にし》の方《ほう》へ十万億《じゅうまんおく》もの仏《ほとけ》がたの国々《くにぐに》を過《す》ぎたところに、極楽《ごくらく》と名《な》づけられる世界《せかい》がある。そこには阿弥陀仏《あみだぶつ》と申《もう》しあげる仏《ほとけ》がおられて、今現《いまげん》に教《おし》えを説《と》いておいでになる。

舎利弗《しゃりほつ》よ、その国《くに》をなぜ極楽《ごくらく》と名《な》づけるかというと、

有仏号阿弥陀今
現在説法舎利弗
彼土何故名為極
楽其国衆生無有

有仏号阿弥陀今
現在説法舎利弗
彼土何故名為極
楽其国衆生無有

味わう

●**舎利弗**　釈尊十大弟子の一人で、智慧第一と称される。もとは別の師について学んでいたが、釈尊がさとりを開いてまもなく弟子となった。

●**極楽**　阿弥陀仏の浄土のこと。

●**阿弥陀**　阿弥陀仏、阿弥陀如来ともいう。

※くわしくは、ポイント「『阿弥陀』は当て字?」（三九頁）、コラム「光明無量・寿命無量」（四七頁）で。

衆苦但受諸楽故
衆苦但受諸楽故
名極楽又舎利弗
名極楽又舎利弗
極楽国土七重欄
極楽国土七重欄
楯七重羅網七重
楯七重羅網七重

書き下し

その国《くに》の衆生《しゅじょう》、もろもろの苦《く》あることなく、ただもろもろの楽《らく》を受《う》く。ゆゑに極《ごく》楽《らく》と名《な》づく。

また舎利弗《しゃりほつ》、極楽国土《ごくらくこくど》には七重《しちじゅう》の欄《らん》楯《じゅん》・七重《しちじゅう》の羅網《らもう》・七重《しちじゅう》の行樹《ごうじゅ》あり。みなこれ四宝周帀《しほうしゅうそう》し囲繞《いにょう》せり。このゆゑにかの国《くに》を名《な》づけて極楽《ごくらく》といふ。

現代語訳

その国《くに》の人々《ひとびと》は、何《なん》の苦《くる》しみもなく、ただいろいろな楽《たの》しみだけを受《う》けているから、極楽《ごくらく》というのである。

また舎利弗《しゃりほつ》よ、その極楽世界《ごくらくせかい》には七重《しちじゅう》にかこむ玉垣《たまがき》と七重《しちじゅう》におおう宝《たから》の網飾《あみかざ》りと七重《しちじゅう》につらなる並木《なみき》がある。そしてそれらはみな金《きん》・銀《ぎん》・瑠璃《るり》・水晶《すいしょう》の四《よっ》つの宝《たから》でできていて、国中《くにじゅう》のいたるところにめぐりわたっている。それでその国《くに》を極《ごく》楽《らく》と名《な》づけるのである。

行樹皆是四宝周

行樹皆是四宝周

帀囲繞是故彼国

帀囲繞是故彼国

名日極楽

名日極楽

味わう

●欄楯《らんじゅん》　建物や樹木を囲った柵・垣のこと。

●羅網《らもう》　網状の装飾のこと。

●周帀囲繞《しゅうそういにょう》　あまねくめぐり、取り囲むこと。

●行樹《ごうじゅ》　並木のこと。

ポイント

舎利弗よ

多くの経典は、聴衆の中から選ばれた特定の者に対して教えを説く、という形で進んでいきます。この教えを説く相手を「対告衆《たいごうしゅ》」といいます。『阿弥陀経』では、この舎利弗が対告衆であり、経典内で繰り返しその名が呼びかけられます。

※くわしくは、コラム「無問自説の経」（三一頁）で。

又舍利弗極楽国
土有七宝池八功
徳水充満其中池
底純以金沙布地

書き下し

また舎利弗《しゃりほつ》、極楽国土《ごくらくこくど》には七宝《しっぽう》の池《いけ》あり。八功徳水《はっくどくすい》そのなかに充満《じゅうまん》せり。池《いけ》の底《そこ》にはもつぱら金《こがね》の沙《いさご》をもつて地《じ》に布《し》けり。四辺《しへん》の階道《かいどう》は、金《こん》・銀《ごん》・瑠璃《るり》・玻瓈《はり》合成《ごうじょう》せり。上《うえ》に楼閣《ろうかく》あり。また金《こん》・銀《ごん》・瑠璃《るり》・玻瓈《はり》・硨磲《しゃこ》・赤珠《しゃくしゅ》・碼碯《めのう》をもつて、これを厳飾《ごんじき》す。

現代語訳

また舎利弗《しゃりほつ》よ、極楽世界《ごくらくせかい》には七《なな》つの宝《たから》でできた池《いけ》があって、不可思議《ふかしぎ》な力《ちから》を持《も》った水《みず》がなみなみとたたえられている。池《いけ》の底《そこ》には一面《いちめん》に金《きん》の砂《すな》が敷《し》きつめられ、また四方《しほう》には金《きん》・銀《ぎん》・瑠璃《るり》・水晶《すいしょう》でできた階段《かいだん》がある。岸《きし》の上《うえ》には楼閣《ろうかく》があって、それもまた金《きん》・銀《ぎん》・瑠璃《るり》・水晶《すいしょう》・硨磲《しゃこ》・赤真珠《あかしんじゅ》・碼碯《めのう》で美《うつく》しく飾《かざ》られている。

四辺階道金銀瑠

璃玻瓈合成上有

楼閣亦以金銀瑠

璃玻瓈硨磲赤珠

味わう

● **八功徳水《はっくどくすい》**　八種のすぐれた性質のある水。

①甘い
②冷たい
③軟らかい
④軽い
⑤清らか
⑥臭わない
⑦飲みやすい
⑧腹を痛めない

といった性質。八種については諸説ある。

● **階道《かいどう》**　階段状の道のこと。

● **瑠璃《るり》**　青色の宝玉のこと。

● **玻瓈《はり》**　赤や白の水晶のこと。

● **硨磲《しゃこ》**　大蛤または白珊瑚のこと。

● **赤珠《しゃくしゅ》**　赤い真珠のこと。

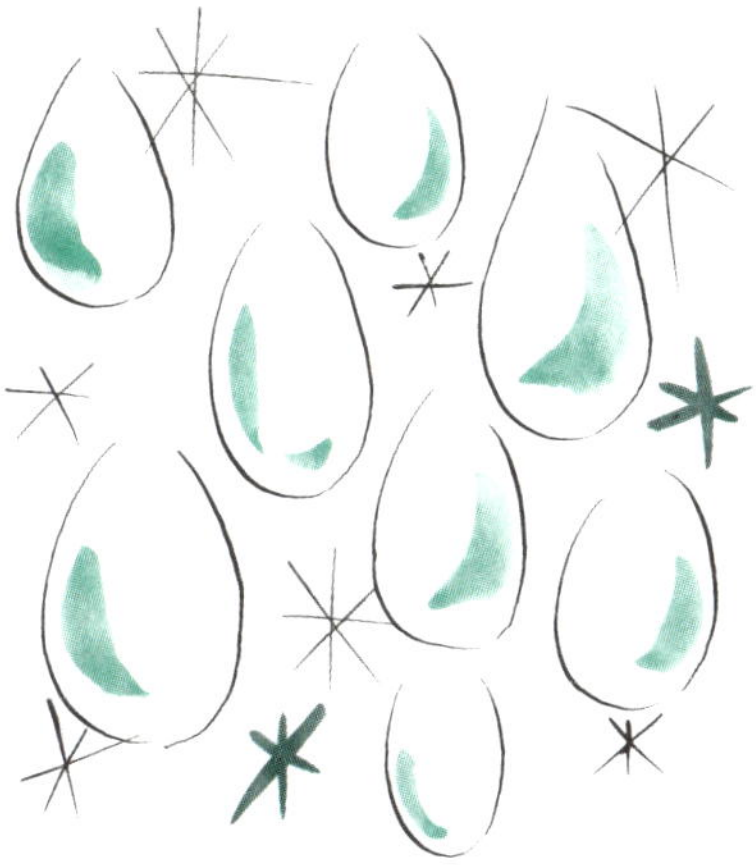

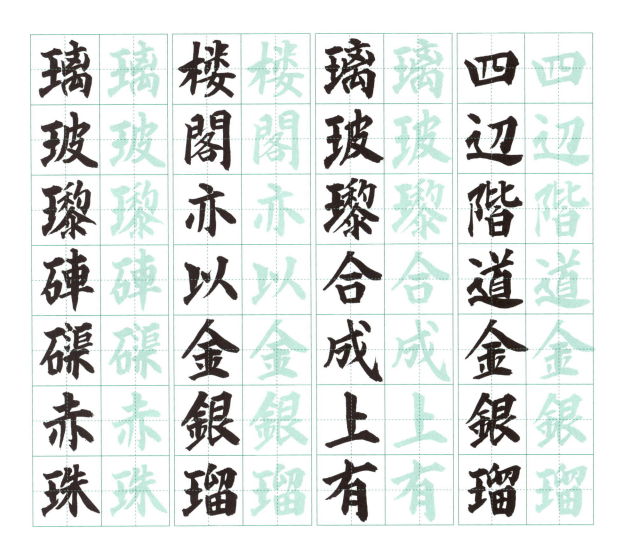

碼碯而厳飾之池
碼碯而厳飾之池
中蓮華大如車輪
中蓮華大如車輪
青色青光黄色黄
青色青光黄色黄
光赤色赤光白色
光赤色赤光白色

書き下し

池《いけ》のなかの蓮華《れんげ》は、大《おお》きさ車輪《しゃりん》のごとし。青色《しょうしき》には青光《しょうこう》、黄色《おうしき》には黄光《おうこう》、赤色《しゃくしき》には赤光《しゃくこう》、白色《びゃくしき》には白光《びゃくこう》ありて、微妙香《みみょうこう》潔《けつ》なり。舎利弗《しゃりほつ》、極楽国土《ごくらくこくど》には、かくのごときの功徳荘厳《くどくしょうごん》を成就《じょうじゅ》せり。

現代語訳

また池《いけ》の中《なか》には車輪《しゃりん》のように大《おお》きな蓮《はす》の花《はな》があって、青《あお》い花《はな》は青《あお》い光《ひかり》を、黄色《きいろ》い花《はな》は黄色《きいろ》い光《ひかり》を、赤《あか》い花《はな》は赤《あか》い光《ひかり》を、白《しろ》い花《はな》は白《しろ》い光《ひかり》を放《はな》ち、いずれも美《うつく》しく、その香《かお》りは気高《けだか》く清《きよ》らかである。

舎利弗《しゃりほつ》よ、極楽世界《ごくらくせかい》はこのようなうるわしいすがたをそなえているのである。

白光微妙香潔舍

利弗極楽国土成

就如是功徳荘厳

味わう

● 瑪瑙《めのう》　深緑色の玉。現代でいう瑪瑙とは異なるものとされる。

ポイント

蓮華《れんげ》

仏教では、仏さまや、その教え、浄土などがしばしば蓮華に喩《たと》えられます。また、泥の中から美しい花を咲かせる蓮華は、さまざまな煩悩をもつものが、さとりをひらくことの譬喩《ひゆ》として用いられます。「浄土三部経」の一つ『観無量寿経』では、念仏するものは「人中の分陀利華《ふんだりけ》（白蓮華）」と喩えられます。

又舍利弗彼仏国
土常作天楽黄金
為地昼夜六時而
雨曼陀羅華其国

書き下し

また舎利弗《しゃりほつ》、かの仏国土《ぶっこくど》には、つねに天《てん》の楽《がく》をなす。黄金《おうごん》を地《じ》とし、昼夜六時《ちゅうやろくじ》に天《てん》の曼陀羅華《まんだらけ》を雨《あめふ》らす。その国《くに》の衆生《しゅじょう》、つねに清旦《しょうたん》をもつて、おのおの衣裓《えこく》をもつて、もろもろの妙華《みょうけ》を盛《い》れて、他方《たほう》の十万億《じゅうまんおく》の仏《ぶつ》を供養《くよう》したてまつる。

現代語訳

また舎利弗《しゃりほつ》よ、その阿弥陀仏《あみだぶつ》の国《くに》には常《つね》にすぐれた音楽《おんがく》が奏《かな》でられている。そして大地《だいち》は黄金《おうごん》でできていて、昼夜六時《ちゅうやろくじ》のそれぞれにきれいな曼陀羅《まんだら》の花《はな》が降《ふ》りそそぐ。その国《くに》の人々《ひとびと》はいつも、すがすがしい朝《あさ》に、それぞれの器《うつわ》に美《うつく》しい花《はな》を盛《も》り、他《ほか》の国々《くにぐに》の数限《かずかぎ》りない仏《ほとけ》がたを供《く》養《よう》する。

衆生常以清旦各
以衣裓盛衆妙華
供養他方十万億
仏即以食時還到

衆生常以清旦各
以衣裓盛衆妙華
供養他方十万億
仏即以食時還到

味わう

●昼夜六時　一昼夜を六分した時刻のこと。
・晨朝《じんじょう》（午前八時頃）
・日中《にっちゅう》（正午頃）
・日没《にちもつ》（午後四時頃）
・初夜《しょや》（午後八時頃）
・中夜《ちゅうや》（午前零時頃）
・後夜《ごや》（午前四時頃）
の六つ。

●曼陀羅華《まんだらけ》　天上界の花の名。

本国飯食経行舎
本国飯食経行舎
利弗極楽国土成
利弗極楽国土成
就如是功徳荘厳
就如是功徳荘厳

書き下し

すなはち食時《じきじ》をもって本国《ほんごく》に還《かえ》り到《いた》りて、飯食《ぼんじき》し経行《きょうぎょう》す。舎利弗《しゃりほつ》、極楽国土《ごくらくこくど》には、かくのごときの功徳荘厳《くどくしょうごん》を成就《じょうじゅ》せり。

現代語訳

そして食事《しょくじ》の時《とき》までには帰《かえ》ってきて、食《しょく》事《じ》をとってからしばらくの間《あいだ》はそのあたりを静《しず》かに歩《ある》き、身《み》と心《こころ》をととのえる。

舎利弗《しゃりほつ》よ、極楽世界《ごくらくせかい》はこのようなうるわしいすがたをそなえているのである。

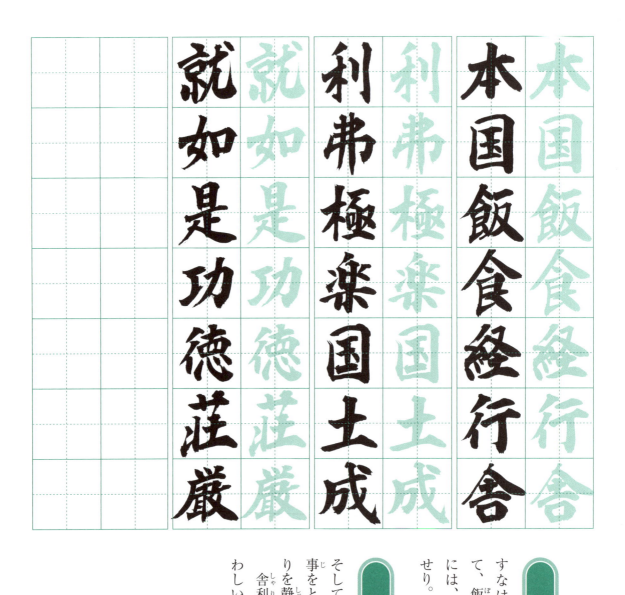

コラム 2

無問自説の経

『阿弥陀経』には、いくつかの別名があります。四枚の紙に書写できる量であることから「四紙経」、後半部の証誠段に「すべての仏がほめたたえ、お護りくださる経」とあることから「護念経《ごねんぎょう》」ともいわれます。そして、親鸞聖人はこの『阿弥陀経』を「無問自説《むもんじせつ》の経」と呼ばれました。

　釈尊は八万四千ともいわれる、多くの教えを説きました。その説きぶりは「応病与薬《おうびょうよやく》」とも呼ばれ、医者が患者の病に応じて薬を与えることに喩えられます。※この喩えの通り、多くの経典は、それぞれの弟子の質問に釈尊が答え、さらに弟子が質問するという問答形式で進んでいきます。

　「浄土三部経」のうち『無量寿経』は弟子の阿難の質問に始まり、『観無量寿経』では王妃である韋提希《いだいけ》の要請により、それぞれとのやりとりで話が進んでいきます。

　しかし、この『阿弥陀経』はそれら多くの経典とは異なります。誰の問いも受けることなく、釈尊が弟子の舎利弗に対して、「舎利弗よ」「舎利弗よ」と一方的に教えを説かれます。親鸞聖人はこの点に注目し、この経典に説かれる念仏の教えこそ、釈尊の真意であったと見ていかれたのです。

※このような説法のかたちを「対機説法《たいきせっぽう》」（機に対して法を説く）ともいいます。「機」とは教えを説く対象のことです。

復次舎利弗彼国
常有種種奇妙雑
色之鳥白鵠孔雀
鸚鵡舎利迦陵頻

書き下し

また次《つぎ》に舎利弗《しゃりほつ》、かの国《くに》にはつねに種々《しゅじゅ》奇妙《きみょう》なる雑色《ざっしき》の鳥《とり》あり。白鵠《びゃくこう》・孔《く》雀《じゃく》・鸚鵡《おうむ》・舎利《しゃり》・迦陵頻伽《かりょうびんが》・共命《ぐみょう》の鳥《とり》なり。このもろもろの鳥《とり》、昼夜六時《ちゅうやろくじ》に和《わ》雅《げ》の音《こえ》を出《いだ》す。その音《こえ》、五根《ごこん》・五力《ごりき》・七《しち》菩提分《ぼだいぶん》・八聖道分《はっしょうどうぶん》、かくのごときらの法《ほう》を演暢《えんちょう》す。

現代語訳

また次《つぎ》に舎利弗《しゃりほつ》よ、その国《くに》にはいつも白鵠《びゃくこう》・孔雀《くじゃく》・鸚鵡《おうむ》・舎利《しゃり》・迦陵頻伽《かりょうびんが》・共命鳥《ぐみょうちょう》などの色《いろ》とりどりの美《うつく》しい鳥《とり》がいる。このさまざまな鳥《とり》たちは、昼夜六《ちゅうやろく》時《じ》のそれぞれに優雅《ゆうが》な声《こえ》で鳴《な》き、その鳴《な》き声《ごえ》はそのまま五根《ごこん》・五力《ごりき》・七菩提分《しちぼだいぶん》・八聖道分《はっしょうどうぶん》などの尊《とうと》い教《おし》えを説《と》き述《の》べている。

伽共命之鳥是諸
伽共命之鳥是諸
衆鳥昼夜六時出
衆鳥昼夜六時出
和雅音其音演暢
和雅音其音演暢
五根五力七菩提
五根五力七菩提

味わう

● **白鵠**《びゃくこう》　鶴の一種。白鳥または天鵞《てんが》ともいう。

● **舎利**《しゃり》　黒色の鳥で、人間の言葉を暗誦するという。

● **迦陵頻伽**《かりょうびんが》　殻の中にいるときからよく鳴き、その声は極めて美しいという。

● **共命鳥**《ぐみょうちょう》　命々鳥《みょうみょうちょう》ともいう。人面禽形《じんめんきんけい》で二つの頭をもつという。

※くわしくは、コラム「共命鳥」（四〇頁）で。

● **五根・五力**　煩悩をおさえてさとりを開かせる勝れた力とはたらき。信《しん》・精進《しょうじん》・念《ねん》・定《じょう》・慧《え》の五つ。

● **七菩提分**《しちぼだいぶん》　さとりを得るための七種の行法《ぎょうほう》。
①念覚支《ねんかくし》（心に明らかに憶《おも》いとどめて忘れない）
②択法覚支《ちゃくほうかくし》（智慧によって法の真偽を選択《せんじゃく》する）
③精進覚支《しょうじんかくし》（一心に努力する）
④喜覚支《きかくし》（法をたのしみ喜ぶ）
⑤軽安覚支《きょうあんかくし》（身心が軽やかで安らかである）
⑥定覚支《じょうかくし》（心を集中して乱さない）
⑦捨覚支《しゃかくし》（心の興奮や沈滞がなく平静である）
の七つ。

分八聖道分如是
等法其土衆生聞
是音已皆悉念仏
念法念僧舎利弗

分八聖道分如是
等法其土衆生聞
是音已皆悉念仏
念法念僧舎利弗

書き下し

その土《ど》の衆生《しゅじょう》、この音《こえ》を聞《き》きをはりて、みなことごとく仏《ぶつ》を念《ねん》じ、法《ほう》を念《ねん》じ、僧《そう》を念《ねん》ず。舎利弗《しゃりほつ》、なんぢこの鳥《とり》は実《じつ》にこれ罪報《ざいほう》の所生《しょしょう》なりと謂《おも》ふことなかれ。ゆゑはいかん。かの仏国土《ぶっこくど》には三悪趣《さんまくしゅ》なければなり。

現代語訳

そこでその国《くに》の人々《ひとびと》はみな、この鳴《な》き声《ごえ》を聞《き》いて仏《ほとけ》を念《ねん》じ、法《ほう》を念《ねん》じ、僧《そう》を念《ねん》じるのである。舎利弗《しゃりほつ》よ、そなたはこれらの鳥《とり》が罪《つみ》の報《むく》いとして鳥《とり》に生《う》まれたのだと思《おも》ってはならない。なぜなら阿弥陀仏《あみだぶつ》の国《くに》には地獄《じごく》や餓鬼《がき》や畜生《ちくしょう》のものがいないからである。

汝勿謂此鳥実是
汝勿謂此鳥実是
罪報所生所以者
罪報所生所以者
何彼仏国土無三
何彼仏国土無三
悪趣舎利弗其仏
悪趣舎利弗其仏

味わう

●八聖道分《はっしょうどうぶん》　さとりに至るための八種の正しい行法。

①正見《しょうけん》（正しい見解）
②正思惟《しょうしゆい》（正しい思惟）
③正語《しょうご》（正しい言葉づかい）
④正業《しょうごう》（正しい行為）
⑤正命《しょうみょう》（正しい生活）
⑥正精進《しょうしょうじん》（正しい努力）
⑦正念《しょうねん》（正しい憶念）
⑧正定《しょうじょう》（正しい精神統一）

●三悪趣《さんまくしゅ》　三悪道《さんまくどう》ともいう。生きとし生けるものがそれぞれの行為によって生まれる迷いの世界は、地獄《じごく》・餓鬼《がき》・畜生《ちくしょう》・阿修羅《あしゅら》・人間《にんげん》・天《てん》の六つに分けられる。このうち、はじめの三つを三悪趣、あとの三つを三善《さんぜん》趣《しゅ》という。善・悪の表現が用いられるものの、いずれも迷いの世界である。浄土とは、この六つの世界から脱した世界である。

国土尚無三悪道
之名何況有実是
諸衆鳥皆是阿弥
陀仏欲令法音宣

書き下し

舎利弗《しゃりほつ》、その仏国土《ぶっこくど》にはなほ三悪道《さんまくどう》の名《な》すらなし。いかにいはんや実《じつ》あらんや。このもろもろの鳥《とり》は、みなこれ阿弥陀仏《あみだぶつ》、法音《ほうおん》を宣流《せんる》せしめんと欲《おぼ》して、変化《へんげ》してなしたまふところなり。舎利弗《しゃりほつ》、かの仏《ぶつ》国土《こくど》には、微風《みふう》吹きて、もろもろの宝行《ほうごう》樹《じゅ》および宝羅網《ほうらもう》を動《うご》かすに、微妙《みみょう》の音《こえ》を出《いだ》す。

現代語訳

舎利弗《しゃりほつ》よ、その国《くに》には地獄《じごく》や餓鬼《がき》や畜生《ちくしょう》の名《な》さえもないのだから、ましてそのようなものがいるはずがない。このさまざまな鳥《とり》はみな、阿弥陀仏《あみだぶつ》が法《ほう》を説《と》きひろめるために、いろいろと形《かたち》を変《か》えて現《あらわ》されたものにほかならないのである。

　舎利弗《しゃりほつ》よ、またその仏《ほとけ》の国《くに》では宝《たから》の並《なみ》木《き》や宝《たから》の網飾《あみかざ》りがそよ風《かぜ》に揺《ゆ》れ、美《うつく》しい音楽《おんがく》が流《なが》れている。

流変化所作舎利
流変化所作舎利

弗彼仏国土微風
弗彼仏国土微風

吹動諸宝行樹及
吹動諸宝行樹及

宝羅網出微妙音
宝羅網出微妙音

ポイント

浄土の鳥たち

仏教では、私たちが生きる世界を、地獄・餓鬼・畜生・阿修羅・人間・天の六つ（六道）に分けます。私たちは遠い昔から、この六つの世界を絶えずめぐり続けているのです。これを「輪廻《りんね》」といいます。六つの世界は、いずれも苦しみのある世界とされ、たとえ天界であっても求めるべき世界ではないとされます。この六道から抜け出した世界が浄土です。

しかし、『阿弥陀経』をはじめとする浄土を説く経典には、本来なら畜生界に属するはずの鳥たちが、清らかな声で法を説く存在として描かれています。

※くわしくは、コラム「共命鳥」（四〇頁）で。

譬如百千種楽同
譬如百千種楽同
時倶作聞是音者
時倶作聞是音者
皆自然生念仏念
皆自然生念仏念
法念僧之心舎利
法念僧之心舎利

書き下し

たとへば百千種《ひゃくせんじゅ》の楽《がく》を同時《どうじ》にともになすがごとし。この音《こえ》を聞《き》くもの、みな自然《じねん》に仏《ぶつ》を念《ねん》じ、法《ほう》を念《ねん》じ、僧《そう》を念《ねん》ずるの心《しん》を生《しょう》ず。舎利弗《しゃりほつ》、その仏国土《ぶっこくど》には、かくのごときの功徳荘厳《くどくしょうごん》を成就《じょうじゅ》せり。

現代語訳

それは百千種《ひゃくせんしゅ》もの楽器《がっき》が同時《どうじ》に奏《かな》でられているようであり、その音色《ねいろ》を聞《き》くものは、だれでもおのずから仏《ほとけ》を念《ねん》じ、法《ほう》を念《ねん》じ、僧《そう》を念《ねん》じる心《こころ》を起《おこ》すのである。

舎利弗《しゃりほつ》よ、阿弥陀仏《あみだぶつ》の国《くに》はこのようなうるわしいすがたをそなえているのである。

弗其仏国土成就

弗其仏国土成就

如是功徳荘厳

如是功徳荘厳

ポイント

「阿弥陀」は当て字？

多くの経典は、古いインドの言葉であるサンスクリット（語）であったものが、中国に仏教が伝わる際、漢字に翻訳されたものです。『阿弥陀経』はサンスクリットの原典が確認されています。本書で扱っているのはその漢訳ということになります。

「阿弥陀」とは、サンスクリットの「アミターバ」「アミターユス」という言葉からきています。つまり「阿弥陀」は「アミタ」の音に漢字を当てたものなのです。

※くわしくは、コラム「光明無量・寿命無量」（四七頁）で。

コラム 3

共命鳥

頭が二つで体が一つという共命鳥について は、聞いたことがある方もいるでしょう。この話にはいくつかのパターンがあります。ここでは、あまり聞くことがないお話を紹介します。

昔、雪山の麓に、身体は一つ、頭が二つの二頭鳥がいました。一頭の名前をカルダ、もう一頭の名前をウバカルダといい、一頭が目覚めている時、もう一頭は眠っています。ある時、カルダは眠っているウバカルダに黙って、たまたまあった摩頭迦《まずか》という果樹の花を食べます。摩頭迦の花を食べることは、二頭ともに利益があると思ったからです。しかし、ウバカルダは目を覚ました後、黙って食べられた事に対し腹を立てて憎悪の思いを起すのでした。

またある時、二頭が飛び回っていると、今度は毒花に遭遇します。憎悪の思いを抱いているウバカルダは思います。「この毒花を食べて、二頭ともに死んでしまおう」と。そしてウバカルダはカルダを眠らせ、自ら毒花を食べてしまいます。眠りから覚めたカルダは瀕死の状態のなか、ウバカルダにいいます。

「昔、お互いに利益があると思って摩頭迦の花を食べたことに対し、あなたはかえって憎悪の思いを起しました。まことに瞋恚《しんに》※や愚痴《ぐち》というものに利益《りやく》はありません。この様な愚かな心は、自らを傷つけ、他人をも傷つけてしまうからです」（浄土真宗本願寺派総合研究所ウェブサイトより抜粋）

自分の思い込みから、相手に憎しみをいだいてしまう。本来は一つのものであるにも関わらず、自己中心的な考え方によって、周囲に迷惑をかけてしまう。

共命鳥が、浄土の美しい鳥として登場する意味について考えてみると、浄土とは、憎しみ争うことがない世界だと教えられると同時に、今に生きる私の姿が見えてきます。

※瞋恚：いかり、愚痴：無知なこと

正宗分　因果段

これからは、極楽浄土の主である阿弥陀仏について、そして、その浄土へ生まれ往く方法について示されます。

舎利弗於汝意云

舎利弗於汝意云

何彼仏何故号阿

何彼仏何故号阿

弥陀舎利弗彼仏

弥陀舎利弗彼仏

光明無量照十方

光明無量照十方

書き下し

舎利弗《しゃりほつ》、なんぢが意《こころ》においていかん。かの仏《ぶつ》をなんがゆゑぞ阿弥陀《あみだ》と号《ごう》する。舎利弗《しゃりほつ》、かの仏《ぶつ》の光明無量《こうみょうむりょう》にして、十方《じっぽう》の国《くに》を照《て》らすに障礙《しょうげ》するところなし。このゆゑに号《ごう》して阿弥陀《あみだ》とす。

現代語訳

舎利弗《しゃりほつ》よ、そなたはどう思《おも》うか。なぜその仏《ほとけ》を阿弥陀《あみだ》と申《もう》しあげるのだろうか。舎利弗《しゃりほつ》よ、その仏《ほとけ》の光明《こうみょう》には限《かぎ》りがなく、すべての国々《くにぐに》を照《て》らして何《なに》ものにもさまたげられることがない。それで阿弥陀《あみだ》と申《もう》しあげるのである。

味わう

● **光明** 仏・菩薩の身心にそなわる光のことで、智慧を象徴するもの。

国無所障礙是故
号為阿弥陀又舎
利弗彼仏寿命及
其人民無量無辺

ポイント

経典の翻訳

　私たちが普段目にする、漢文で書かれたお経の多くは、サンスクリットの原典を「漢訳」したもの、つまり当時の中国の言語に翻訳したものです。『阿弥陀経』の原典は『スカーバティービューハ』(Sukhāvatīvyūha)といい、その漢訳が、本書で取り扱う『阿弥陀経』です。
　そして、鳩摩羅什の翻訳から二〇〇年ほど後、同じく『スカーバティービューハ』が別の人物によって翻訳されます。訳者は、皆さんもご存知のあの方です。

※くわしくは、コラム「『阿弥陀経』が二つ?」(七七頁)で。

阿僧祇劫故名阿
弥陀舎利弗阿弥
陀仏成仏已来於
今十劫又舎利弗

阿僧祇劫故名阿
弥陀舎利弗阿弥
陀仏成仏已来於
今十劫又舎利弗

書き下し

また舎利弗《しゃりほつ》、かの仏《ぶつ》の寿命《じゅみょう》およびその人民《にんみん》〔の寿命《じゅみょう》〕も無量無辺阿僧祇劫《むりょうむへんあそうぎこう》なり。ゆゑに阿弥陀《あみだ》と名《な》づく。舎利弗《しゃりほつ》、阿弥陀《あみだ》仏《ぶつ》は、成仏《じょうぶつ》よりこのかたいまに十劫《じっこう》なり。また舎利弗《しゃりほつ》、かの仏《ぶつ》に無量無辺《むりょうむへん》の声聞《しょうもん》の弟子《でし》あり、みな阿羅漢《あらかん》なり。これ算数《さんじゅ》のよく知《し》るところにあらず。もろもろの菩薩衆《ぼさつしゅ》、またまたかくのごとし。

現代語訳

また舎利弗《しゃりほつ》よ、その仏《ほとけ》の寿命《じゅみょう》とその国《くに》の人々《ひとびと》の寿命《じゅみょう》もともに限《かぎ》りがなく、実《じつ》にはかり知《し》れないほど長《なが》い。それで阿弥陀《あみだ》と申《もう》しあげるのである。舎利弗《しゃりほつ》よ、この阿弥陀仏《あみだぶつ》が仏《ほとけ》になられてから、今日《こんにち》まですでに十劫《じっこう》という長《なが》い時《とき》が過《す》ぎている。

また舎利弗《しゃりほつ》よ、その仏《ほとけ》のもとには数限《かずかぎ》りない声聞《しょうもん》の弟子《でし》たちがいて、みな阿羅《あら》漢《かん》のさとりを得《え》ている。その数《かず》の多《おお》いこ

彼仏有無量無辺
彼仏有無量無辺
声聞弟子皆阿羅
声聞弟子皆阿羅
漢非是算数之所
漢非是算数之所
能知諸菩薩衆亦
能知諸菩薩衆亦

とは、とても数《かぞ》え尽《つ》くすことができない。また菩薩《ぼさつ》たちの数《かず》もそれと同《おな》じく、数《かぞ》え尽《つ》くすことができない。

味わう

●**無量無辺阿僧祇劫**《むりょうむへんあそうぎこう》 「劫」はインドの時間の単位で、極めて長い時間のこと。また「無量」「無辺」「阿僧祇」も、その時間の長大さをあらわしている。

●**十劫**《じっこう》 「劫」の十倍。非常に長い時間をあらわす。

●**声聞**《しょうもん》 仏の説法を聞いてさとるもの。釈尊の直弟子を指す。のちに、自己のさとりのみを目的とするものを指して、批判的な呼称として用いられるようになる。

復如是舎利弗彼

復如是舎利弗彼

仏国土成就如是

仏国土成就如是

功徳荘厳

功徳荘厳

書き下し

舎利弗《しゃりほつ》、かの仏国土《ぶっこくど》には、かくのごとき功徳荘厳《くどくしょうごん》を成就《じょうじゅ》せり。

現代語訳

舎利弗《しゃりほつ》よ、阿弥陀仏《あみだぶつ》の国《くに》はこのようなうるわしいすがたをそなえているのである。

コラム 4

「光明無量・寿命無量」

私たちは、それぞれ「名前」を持っており、その名前には意味があります。同じように、阿弥陀仏の名前にも意味があります。ただ、「阿弥陀」という漢字自体に意味はありません。

これは、サンスクリットの「アミターバ」「アミターユス」という言葉に由来するものです。そこには、「無量の光明」「無量の寿命」という意味があるので、阿弥陀仏は「無量寿如《むりょうじゅにょ》来《らい》」「無碍光如来《むげこうにょらい》」「不可思議光如来《ふかしぎこうにょらい》」などとも呼ばれます。ですから、本願寺で朝夕お勤めする「正信偈」の「帰命《きみょう》無量寿如来《むりょうじゅにょらい》」「南無不可思議光《なもふかしぎこう》」はいずれも「南無阿弥陀仏」と同じ意味なのです。

では、阿弥陀仏が無量の光明と寿命をそなえた仏であるのはなぜでしょうか。

もし空間や時間に限界があれば、あらゆる世界、そして未来の人びとを等しく救うことができません。すべてのものをもらすことなく救うために、阿弥陀仏は光明無量・寿命無量の徳をそなえているのです。ただ、これはどこか遠くの世界、ずっと先の未来の誰か、を指しているのではありません。その「誰か」とは、いまここに生きている私のことなのです。

私はこれまで阿弥陀仏のこころを知ることもなく、また知ってからも、そのこころに背くような行いをしてきました。そして、これからも何かのきっかけで、大きな過ちをおかしてしまう可能性だってあります。そのような私をどんなときでも照らし、包んでくださる阿弥陀仏の光のはたらきは「摂取不捨」（摂め取って捨てない）といわれます。

又舎利弗極楽国
又舎利弗極楽国
土衆生生者皆是
土衆生生者皆是
阿鞞跋致其中多
阿鞞跋致其中多
有一生補処其数
有一生補処其数

書き下し

また舎利弗《しゃりほつ》、極楽国土《ごくらくこくど》には、衆生《しゅじょう》 生《しょう》ずるものはみなこれ阿鞞跋致《あびばっち》なり。そのなかに多《おお》く一生補処《いっしょうふしょ》〔の菩薩《ぼさつ》〕あり。その数《かず》はなはだ多《おお》し。これ算数《さんじゅ》のよくこれを知《し》るところにあらず。ただ無量無辺阿《むりょうむへんあ》僧祇劫《そうぎこう》をもって説《と》くべし。

現代語訳

また舎利弗《しゃりほつ》よ、極楽世界《ごくらくせかい》に生《うま》れる人々《ひとびと》はみな不退転《ふたいてん》の位《くらい》に至《いた》る。その中《なか》には一《いっ》生補処《しょうふしょ》という最上《さいじょう》の位《くらい》の菩薩《ぼさつ》たちもたくさんいる。その数《かず》は実《じつ》に多《おお》く、とても数《かぞ》え尽《つ》くすことができない。それを説《と》くには限《かぎ》りない時《とき》をかけなければならない。

甚多非是算数所
甚多非是算数所

能知之但可以無
能知之但可以無

量無辺阿僧祇劫
量無辺阿僧祇劫

説舎利弗衆生聞
説舎利弗衆生聞

味わう

●**阿毘跋致**《あびばっち》　不退転《ふたいてん》ともいう。すでに得たさとりや功徳、地位を決して失わないこと。

●**一生補処**《いっしょうふしょ》　次の生涯には仏と成ることができる位。一生を過ぎれば仏の位を補うべき地位で、菩薩の最高位。また、浄土へ往生した者は、一生補処の菩薩の位に住し、他の世界の衆生を教化《きょうけ》・利益《りやく》するとされる。

者応当発願願生
彼国所以者何得
与如是諸上善人
倶会一処舎利弗

書き下し

舎利弗《しゃりほつ》、衆生聞《しゅじょうき》かんもの、まさに発願《ほつがん》してかの国《くに》に生《しょう》ぜんと願《ねが》ふべし。ゆゑはいかん。かくのごときの諸上善人《しょじょうぜんにん》とともに一処《いっしょ》に会《え》することを得《う》ればなり。舎利《しゃり》弗《ほつ》、少善根福徳《しょうぜんごんふくとく》の因縁《いんねん》をもつてかの国《くに》に生《しょう》ずることを得《う》べからず。

現代語訳

舎利弗《しゃりほつ》よ、このようなありさまを聞《き》いたなら、ぜひともその国《くに》に生《うま》れたいと願《ねが》うがよい。そのわけは、これらのすぐれた聖者《しょうじゃ》たちと、ともに同《おな》じところに集《つど》うことができるからである。

しかしながら舎利弗《しゃりほつ》よ、わずかな功徳《くどく》を積《つ》むだけでは、とてもその国《くに》に生《うま》れることはできない。

不可以少善根福
不可以少善根福
徳因縁得生彼国
徳因縁得生彼国

味わう

●倶会一処《くえいっしょ》　ともに一つの場所で会うということ。

※くわしくは、ポイント「浄土で出会う」（五一頁）、コラム「倶会一処」（五六頁）で。

●少善根福徳《しょうぜんごんふくとく》　善根（功徳のたね）の少ないあらゆる行のこと。これに対して、念仏は多善根とされる。親鸞聖人の師である法然聖人は「雑善《ぞうぜん》はこれ少善根《しょうぜんごん》なり、念仏《ねんぶつ》はこれ多善根《たぜんごん》なり」（『註釈版聖典〈七祖篇〉』一二七五頁）といわれている。ただこの場合の「多」とはたんに「少」との比較においてではなく、相対的な意味を超えたものをいう。

ポイント

浄土で出会う

浄土真宗のお墓には「南無阿弥陀仏」もしくは、この「倶会一処《くえいっしょ》」（倶《とも》に一処に会する）という言葉が多く刻まれます。

浄土に往生したならば、先に浄土に往生した方がたと会うことができるという意味です。

※くわしくは、コラム「倶会一処」（五六頁）で。

舎利弗若有善男
子善女人聞説阿
弥陀仏執持名号
若一日若二日若

書き下し

舎利弗《しゃりほつ》、もし善男子《ぜんなんし》・善女人《ぜんにょにん》ありて、阿弥陀仏《あみだぶつ》を説《と》くを聞《き》きて、名号《みょうごう》を執持《しゅうじ》すること、もしは一日《いちにち》、もしは二日《ににち》、もしは三日《さんにち》、もしは四日《しにち》、もしは五日《ごにち》、もしは六日《ろくにち》、もしは七日《しちにち》、一心《いっしん》にして乱《みだ》れざれば、その人《ひと》、命終《みょうじゅう》の時《とき》に臨《のぞ》みて、阿《あ》弥陀仏《みだぶつ》、もろもろの聖衆《しょうじゅ》と現《げん》じてその前《まえ》にましまさん。

現代語訳

舎利弗《しゃりほつ》よ、もし善良《ぜんりょう》なものが、阿弥陀《あみだ》仏《ぶつ》の名号《みょうごう》を聞《き》き、その名号《みょうごう》を心《こころ》にとどめ、あるいは一日《いちにち》、あるいは二日《ふつか》、あるいは三日《みっか》、あるいは四日《よっか》、あるいは五日《いつか》、あるいは六日《むいか》、あるいは七日《なのか》の間《あいだ》、一心《いっしん》に思《おも》いを乱《みだ》さないなら、その人《ひと》が命《いのち》を終《お》えようとするときに、阿弥陀仏《あみだぶつ》が多《おお》くの聖《しょう》者《じゃ》たちとともにその前《まえ》に現《あらわ》れてくださるのである。

三日若四日若五

日若六日若七日

一心不乱其人臨

命終時阿弥陀仏

三日若四日若五
日若六日若七日
一心不乱其人臨
命終時阿弥陀仏

味わう

●**善男子《ぜんなんし》・善女人《ぜんにょにん》**　もとは良家の男子・女子の意。ここでは仏法に帰依したもののこと。

●**執持《しゅうじ》**　しっかりと取りたもつこと。親鸞聖人はこれを阿弥陀仏の名号を信じ称えることと解釈された。

●**名号《みょうごう》**　一般には、仏・菩薩の名前をいう。ここでは阿弥陀仏の名前を指す。なお、浄土真宗では「南無阿弥陀仏」「南無《なも》不可思議《ふかしぎ》光如来《こうにょらい》」「帰命《きみょう》尽十方《じんじっぽう》無碍《むげ》光如来《こうにょらい》」などの名号が用いられている。

※くわしくは、コラム「私の称える念仏は〝阿弥陀仏の願い〟」（六五頁）で。

与諸聖衆現在其
与諸聖衆現在其
前是人終時心不
前是人終時心不
顛倒即得往生阿
顛倒即得往生阿
弥陀仏極楽国土
弥陀仏極楽国土

書き下し

この人終《ひとおわ》らん時《とき》、心顛倒《しんてんどう》せずして、すなはち阿弥陀仏《あみだぶつ》の極楽国土《ごくらくこくど》に往生《おうじょう》することを得《う》。舎利弗《しゃりほつ》、われこの利《り》を見《み》るがゆゑに、この言《ごん》を説《と》く。もし衆生《しゅじょう》ありて、この説《せつ》を聞《き》かんものは、まさに発願《ほつがん》してかの国土《こくど》に生《うま》るべし。

現代語訳

そこでその人《ひと》がいよいよ命《いのち》を終《お》えるとき、心《こころ》が乱《みだ》れ惑《まど》うことなく、ただちに阿《あ》弥陀仏《みだぶつ》の極楽世界《ごくらくせかい》に生《うま》れることができる。

舎利弗《しゃりほつ》よ、わたしはこのような利益《りやく》があることをよく知《し》っているから、このことを説《と》くのである。もし人々《ひとびと》がこの教《おし》えを聞《き》いたなら、ぜひともその国《くに》に生《うま》れたいと願《ねが》うがよい。

舎利弗我見是利
故説此言若有衆
生聞是説者応当
発願生彼国土

コラム 5

倶会一処

突然ですが、お葬式などでしばしば用いられる「ご冥福をお祈りします」という言葉は、浄土真宗ではふさわしくありません。

その理由は二つあります。一つは、「冥」という漢字は「冥土」というようにも使われますが、「くらい」という意味で、光かがやく世界である阿弥陀仏の浄土にはあてはまらないからです。もう一つの理由は、念仏の教えをよろこばれた方は、阿弥陀仏のはたらきによってすでに浄土に往生しているので、私たちが祈ったり、お願いしたりする必要がないからです。

ところで、「倶会一処」には「会」という漢字が用いられます。誰かと「であう」という意味ですと、この他に「遇」という漢字が思い浮かびます。阿弥陀仏の教えにあうといった時にはしばしば、この「遇」が使われます。この二つの意味を漢字辞典で調べてみると、「遇」には「予期せずしてあう、たまたまあう」、「会」には「期してあう、予定してあう」といった説明がされています。

私たちがこの世界に生まれ、二五〇〇年前に遠くインドではじまる仏教に、今こうしてであうことができたのは「たまたま」としか言えません。しかし、阿弥陀仏の救いを知ったのちには、「必ず」浄土に生まれ行く身に定まっているのです。「遇」と「会」という漢字の違いをこのように味わうこともできるでしょう。

親鸞聖人はお弟子に宛てた手紙（『親鸞聖人御消息』）の中で、「浄土《じょうど》にてかならずかならずまちまゐらせ候《そうろ》ふべし」（『註釈版聖典』七八五頁）と仰せになりました。私たちが亡き人とあうことができるのは、お墓の前でも、冥土でもなく、阿弥陀仏の浄土なのです。

正宗分　証誠段

証誠段では、阿弥陀仏と釈尊以外の多くの仏の名前がでてきます。

みな同じく、浄土を建立した阿弥陀仏、そしてそれを伝える釈尊をほめたたえているのです。

舎利弗如我今者
讃歎阿弥陀仏不
可思議功徳東方
亦有阿閦鞞仏須

書き下し

舎利弗《しゃりほつ》、われいま阿弥陀仏《あみだぶつ》の不可思議《ふかしぎ》の功徳《くどく》を讃歎《さんだん》するがごとく、東方《とうほう》にまた、阿閦鞞仏《あしゅくびぶつ》・須弥相仏《しゅみそうぶつ》・大須弥仏《だいしゅみぶつ》・須弥光《しゅみこう》仏《ぶつ》・妙音仏《みょうおんぶつ》、かくのごときらの恒河沙数《ごうがしゃしゅ》の諸仏《しょぶつ》ましまして、

現代語訳

舎利弗《しゃりほつ》よ、わたしが今《いま》、阿弥陀仏《あみだぶつ》の不《ふ》可思議《かしぎ》な功徳《くどく》をほめたたえているように、東方《とうほう》の世界《せかい》にも、また阿閦鞞仏《あしゅくびぶつ》・須《しゅ》弥相仏《みそうぶつ》・大須弥仏《だいしゅみぶつ》・須弥光仏《しゅみこうぶつ》・妙音仏《みょうおんぶつ》など、ガンジス河《がわ》の砂《すな》の数《かず》ほどのさまざまな仏《ほとけ》がたがおられ、

味わう

●恒河沙《ごうがしゃ》 「恒河」はインドのガンジス河、「沙」はその河の砂の意。数限りないことを喩える。

弥相仏大須弥仏
弥相仏大須弥仏
須弥光仏妙音仏
須弥光仏妙音仏
如是等恒河沙数
如是等恒河沙数
諸仏各於其国出
諸仏各於其国出

●讃歎《さんだん》　仏や菩薩などの徳をほめたたえること。

ポイント

証誠段の意義

自分で判断できないとき、誰かに背中をおしてもらったり、すすめられたりすると、すこし安心するといった経験はないでしょうか。

『阿弥陀経』では、釈尊が阿弥陀仏の極楽浄土のうるわしい世界を説き示し、ほめたたえます。そして、多くの仏たちも同じくほめたたえていることによって、その確かさを証明しているのです。

しかし、逆に考えると、仏である釈尊の言葉さえも信用していない私たちの姿が見透かされていたともいえるでしょう。

広長舌相徧覆三
広長舌相徧覆三

千大千世界説誠
千大千世界説誠

実言汝等衆生当
実言汝等衆生当

信是称讃不可思
信是称讃不可思

書き下し

おのおのその国《くに》において、広長《こうじょう》の舌相《ぜっそう》を出《いだ》し、あまねく三千大千世界《さんぜんだいせんせかい》に覆《おお》ひて、誠実《じょうじつ》の言《ごん》を説《と》きたまはく、〈なんぢら衆生《しゅじょう》、まさにこの不可思議《ふかしぎ》の功徳《くどく》を称讃《しょうさん》し一切諸仏《いっさいしょぶつ》に護念《ごねん》せらるる経《きょう》を信《しん》ずべし〉と。

現代語訳

それぞれの国《くに》でひろく舌相《ぜっそう》を示《しめ》して、世《せ》界《かい》のすみずみにまで阿弥陀仏《あみだぶつ》のすぐれた徳《とく》が真実《しんじつ》であることをあらわし、まごころをこめて、〈そなたたち世《よ》の人々《ひとびと》よ、この《阿弥陀仏《あみだぶつ》の不可思議《ふかしぎ》な功徳《くどく》をほめたたえて、すべての仏《ほとけ》がたがお護《まも》りくださる経《きょう》》を信《しん》じるがよい〉と仰《おお》せになっている。

議功徳一切諸仏

所護念経

味わう

●**広長舌相**《こうじょうぜっそう》　仏の舌は広く長くてその顔面を覆《おお》うとされている。ここでは三千大千世界を覆うといわれ、仏の説く内容が真実であることを示している。

●**三千大千世界**　仏教の宇宙観。仏教では、世界の中心には、須弥山《しゅみせん》という高くそびえる巨大な山があるとされる。須弥山の周囲には四つの大陸があり、人間はその一つである「閻浮提《えんぶだい》」に住むとされる。これにいくつもの天界などを加えたものを総じて一世界という。一世界を千集めたものを「小千世界」、小千世界を千集めたものを「中千世界」、中千世界を千集めたものを「大千世界」と名づける。この大千世界を「三千大千世界」または「三千世界」ともいう。

●**所護念経**《しょごねんぎょう》　この「すべての仏がたがお護りくださる経」という箇所から、『阿弥陀経』は別名『護念経《ごねんぎょう》』とも呼ばれる。

舎利弗南方世界
有日月燈仏名聞
光仏大焔肩仏須
弥燈仏無量精進

書き下し

舎利弗《しゃりほつ》、南方《なんぽう》の世界《せかい》に、日月灯仏《にちがつとうぶつ》・名聞光仏《みょうもんこうぶつ》・大焔肩仏《だいえんけんぶつ》・須弥灯仏《しゅみとうぶつ》・無量《むりょう》 精進仏《しょうじんぶつ》、かくのごときらの恒河沙数《ごうがしゃしゅ》の諸仏《しょぶつ》ましまして、おのおのその国《くに》において、広長《こうじょう》の舌相《ぜっそう》を出《いだ》し、

現代語訳

舎利弗《しゃりほつ》よ、また南方《なんぽう》の世界《せかい》にも、日月灯仏《にちがつとうぶつ》・名聞光仏《みょうもんこうぶつ》・大焔肩仏《だいえんけんぶつ》・須弥灯仏《しゅみとうぶつ》・無量 精進仏《むりょうしょうじんぶつ》など、ガンジス河《がわ》の砂《すな》の数《かず》ほどのさまざまな仏《ほとけ》がたがおられ、それぞれの国《くに》でひろく舌相《ぜっそう》を示《しめ》して、

仏如是等恒河沙
数諸仏各於其国
出広長舌相徧覆
三千大千世界説

ポイント

仏の三十二相

仏には普通の人間とは違う身体的な特徴があります。これを「三十二相」といい、広長舌相（六一頁参照）もその一つです。

よく知られたものに「眉《み》間《けん》白《びゃく》毫《ごう》相《そう》」があります。仏像などを思い浮かべてもらうと、その眉間に丸いほくろのようなものがないでしょうか。それは「白毫」と呼ばれる、白い一本の長い毛が右回りに巻いているものなのです。仏はこの白毫から光を放つとされています。

その他、足《そく》下《げ》安《あん》平《びょう》立《りゅう》相《そう》（扁平足である）、正《しょう》立《りゅう》手《しゅ》摩《ま》膝《しつ》相《そう》（直立したまま膝に手が届く）、四《し》十《じゅう》歯《し》相《そう》（歯が四十本ある）などの特徴があります。

誠実言如等衆生
当信是称讃不可
思議功徳一切諸
仏所護念経

誠実言如等衆生
当信是称讃不可
思議功徳一切諸
仏所護念経

書き下し

あまねく三千大千《さんぜんだいせん》世界《せかい》に覆《おお》ひて、誠実《じょうじつ》の言《ごん》を説《と》きたまはく、〈なんぢら衆生《しゅじょう》、まさにこの不可思議《ふかしぎ》の功徳《くどく》を称讃《しょうさん》したまふ一切諸仏《いっさいしょぶつ》に護念《ごねん》せらるる経《きょう》を信《しん》ずべし〉と。

現代語訳

世界《せかい》のすみずみにまで阿弥陀仏《あみだぶつ》のすぐれた徳《とく》が真実《しんじつ》であることをあらわし、まごころをこめて、〈そなたたち世《よ》の人々《ひとびと》よ、この《阿弥陀仏《あみだぶつ》の不可思議《ふかしぎ》な功徳《くどく》をほめたたえて、すべての仏《ほとけ》がたがお護《まも》りくださる経《きょう》》を信《しん》じるがよい〉と仰《おお》せになっている。

コラム
6

私の称える念仏は“阿弥陀仏の願い”

コラム5「倶会一処」（五六頁）で「故人のために祈る必要はない」といいましたが、これは、言い換えれば、私たちは、自分自身の力で往生する力も持っていないし、ましてや故人を往生させるような力など持っていない、ということでもあります。「南無阿弥陀仏」の念仏は、お祈りでも、お願いでもありません。では、私たちが称える念仏とは何でしょうか。

極端な言い方をすれば、浄土真宗で「願い」という場合、それは「阿弥陀仏の願い」のことをいいます。

南無阿弥陀仏の「南無」とは「帰命」とも訳されます。これは、こころから信じ敬うという意味です。これだけを聞けば「救ってください」「助けてください」と私がお願いしているように思われるかもしれません。しかし、阿弥陀仏は私たちがお願いするから救ってくださるのではありません。

遠い昔、阿弥陀仏はすべての人びとを浄土に生まれさせようという願いをたて、その願いを成就して「南無阿弥陀仏」という名前におさめてくださいました。私が気付くずっと以前から、救われがたい身である私を救うために、先んじて手立てを用意してくださっていたのです。そして、その願いがすべての人にふり向けられています。

この「必ず救う、私にまかせなさい」という阿弥陀仏の願いが、私の称える「南無阿弥陀仏」となって、いまここに至りとどいています。それは、私の口からでる念仏でありながら、私の声を通してあらわれた、阿弥陀仏の願いなのです。

この願いをそのまま聞き、疑うことなく信じ受け取ることを「信心」といいます。そして、このように私たちを救ってくださる阿弥陀仏のご恩をよろこび、感謝の思いで称える念仏もあるでしょう。それを「報恩の念仏」といいます。

舎利弗西方世界
舎利弗西方世界

有無量寿仏無量
有無量寿仏無量

相仏無量幢仏大
相仏無量幢仏大

光仏大明仏宝相
光仏大明仏宝相

書き下し

舎利弗《しゃりほつ》、西方《さいほう》の世界《せかい》に、無量寿仏《むりょうじゅぶつ》・無量相仏《むりょうそうぶつ》・無量幢仏《むりょうどうぶつ》・大光仏《だいこうぶつ》・大明仏《だいみょうぶつ》・宝相仏《ほうそうぶつ》・浄光仏《じょうこうぶつ》、かくのごときらの恒河《ごうが》沙数《しゃしゅ》の諸仏《しょぶつ》ましまして、おのおのその国《くに》において、広長《こうじょう》の舌相《ぜっそう》を出《いだ》し、

現代語訳

舎利弗《しゃりほつ》よ、また西方《さいほう》の世界《せかい》にも、無量寿仏《むりょうじゅぶつ》・無量相仏《むりょうそうぶつ》・無量幢仏《むりょうどうぶつ》・大光仏《だいこうぶつ》・大明仏《だいみょうぶつ》・宝相仏《ほうそうぶつ》・浄光仏《じょうこうぶつ》など、ガンジス河《がわ》の砂《すな》の数《かず》ほどのさまざまな仏《ほとけ》がたがおられ、それぞれの国《くに》でひろく舌相《ぜっそう》を示《しめ》して、

仏浄光仏如是等
仏浄光仏如是等
恒河沙数諸仏各
恒河沙数諸仏各
於其国出広長舌
於其国出広長舌
相偏覆三千大千
相偏覆三千大千

ポイント

『阿弥陀経』の訳者、鳩摩羅什《くまらじゅう》

鳩摩羅什は、紀元四〇〇年頃に活躍した訳経僧（経典の翻訳をおこなう僧侶）です。インドの貴族の血をひく父と、亀茲《きじ》国（現在の新疆《しんきょう》ウイグル自治区の付近）の王族の母との間に生まれた鳩摩羅什は、七歳で出家し、仏教を学びはじめます。しかし、戦によって捕虜となり、また戒律を破ってしまったことによって在家的な立場をとるなど、波乱に満ちた生涯を送ります。

そのようななかで、生涯に三〇〇巻あまりの経典や論書を漢訳しました。有名なものとして、いわゆる『法華経《ほけきょう》』『維摩経《ゆいまぎょう》』『般若心経《はんにゃしんぎょう》』などがあります。

世界説誠実言汝

世界説誠実言汝

等衆生当信是称

等衆生当信是称

讃不可思議功徳

讃不可思議功徳

一切諸仏所護念

一切諸仏所護念

書き下し

あまねく三千大千《さんぜんだいせん》世界《せかい》に覆《おお》ひて、誠実《じょうじつ》の言《ごん》を説《と》きたまはく、〈なんぢら衆生《しゅじょう》、まさにこの不可思議《ふかしぎ》の功徳《くどく》を称讃《しょうさん》したまふ一切諸仏《いっさいしょぶつ》に護念《ごねん》せらるる経《きょう》を信《しん》ずべし〉と。

現代語訳

世界《せかい》のすみずみにまで阿弥陀仏《あみだぶつ》のすぐれた徳《とく》が真実《しんじつ》であることをあらわし、まごころをこめて、〈そなたたち世《よ》の人々《ひとびと》よ、この《阿弥陀仏《あみだぶつ》の不可思議《ふかしぎ》な功徳《くどく》をほめたたえて、すべての仏《ほとけ》がたがお護《まも》りくださる経《きょう》》を信《しん》じるがよい〉と仰《おお》せになっている。

経 経

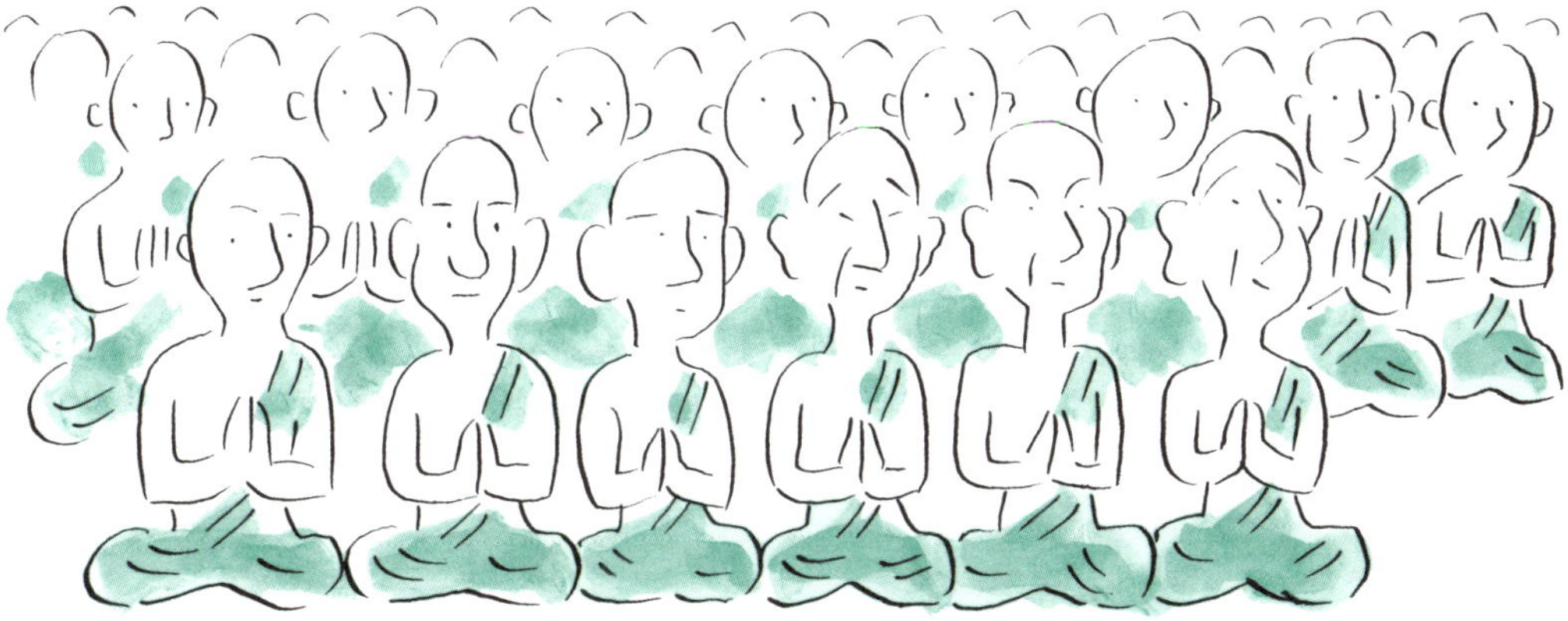

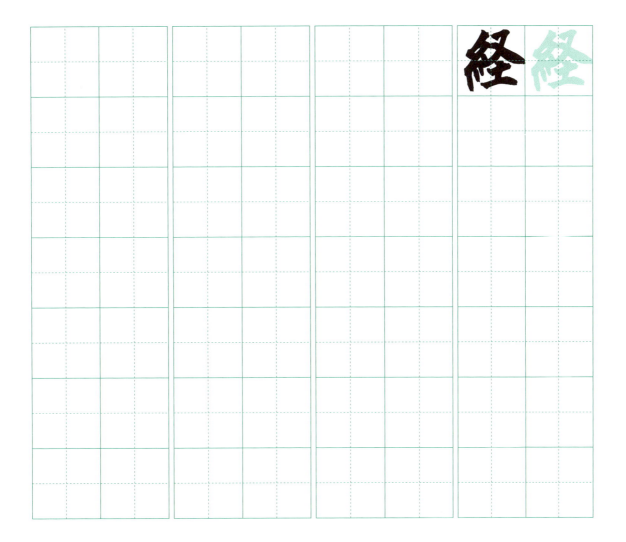

舎利弗北方世界
舎利弗北方世界
有焔肩仏最勝音
有焔肩仏最勝音
仏難沮仏日生仏
仏難沮仏日生仏
網明仏如是等恒
網明仏如是等恒

書き下し

舎利弗《しゃりほつ》、北方《ほっぽう》の世界《せかい》に、焔肩仏《えんけんぶつ》・最勝《さいしょう》音仏《おんぶつ》・難沮仏《なんしょぶつ》・日生仏《にっしょうぶつ》・網明仏《もうみょうぶつ》、かくのごときらの恒河沙数《ごうがしゃしゅ》の諸仏《しょぶつ》ましまして、おのおのその国《くに》において、広長《こうじょう》の舌相《ぜっそう》を出《いだ》し、

現代語訳

舎利弗《しゃりほつ》よ、また北方《ほっぽう》の世界《せかい》にも、焔肩《えんけん》仏《ぶつ》・最勝音仏《さいしょうおんぶつ》・難沮仏《なんそぶつ》・日生仏《にっしょうぶつ》・網明《もうみょう》仏《ぶつ》など、ガンジス河《がわ》の砂《すな》の数《かず》ほどのさまざまな仏《ほとけ》がたがおられ、それぞれの国《くに》でひろく舌相《ぜっそう》を示《しめ》して、

ポイント

浄土三部経の教え①

『無量寿経』

浄土三部経は、いずれも阿弥陀仏の教えを説く経典です。しかし、そこに説かれる内容は一見すると異な

河沙数諸仏各於
河沙数諸仏各於
其国出広長舌相
其国出広長舌相
偏覆三千大千世
偏覆三千大千世
界説誠実言汝等
界説誠実言汝等

る教えのように見えます。ここで、それぞれに説かれる教えを確認しておきましょう。

まず、『無量寿経』ですが、この経典のポイントは「願い」です。

『無量寿経』には、すべての人びとを浄土に生まれさせようという阿弥陀仏の「願い」が説かれています。私たちは、この阿弥陀仏の願いを疑うことなく信じ、念仏することで、その浄土に生まれることができるのです。この阿弥陀仏の願いを「本願」といい、いま私たちにふり向けられているそのはたらきを「本願力」もしくは「他力」といいます。

ですから「他力本願」とは「阿弥陀仏の願い」のことなのです。

衆生当信是称讃
不可思議功徳一
切諸仏所護念経

衆生当信是称讃
不可思議功徳一
切諸仏所護念経

書き下し

あまねく三千大千《さんぜんだいせん》世界《せかい》に覆《おお》ひて、誠実《じょうじつ》の言《ごん》を説《と》きたまはく、〈なんぢら衆生《しゅじょう》、まさにこの不可思議《ふかしぎ》の功徳《くどく》を称讃《しょうさん》したまふ一切《いっさい》諸仏《しょぶつ》に護念《ごねん》せらるる経《きょう》を信《しん》ずべし〉と。

現代語訳

世界《せかい》のすみずみにまで阿弥陀仏《あみだぶつ》のすぐれた徳《とく》が真実《しんじつ》であることをあらわし、まごころをこめて、〈そなたたち世《よ》の人々《ひとびと》よ、この《阿弥陀仏《あみだぶつ》の不可思議《ふかしぎ》な功徳《くどく》をほめたたえて、すべての仏《ほとけ》がたがお護《まも》りくださる経《きょう》》を信《しん》じるがよい〉と仰《おお》せになっている。

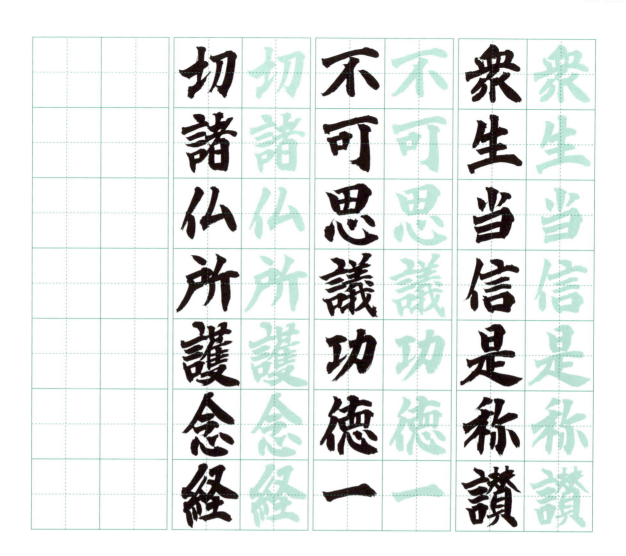

コラム 7

『阿弥陀経』の舞台、祇園精舎

春には桜、秋には紅葉。京都東山の祇園には、国内外から多くの観光客が訪れます。その他、全国各地にある「祇園」のもととなったのが、『阿弥陀経』が説かれた舞台である「祇樹給孤独園《ぎじゅきっこどくおん》」で、別名を祇園精舎といいます。中インドに位置するコーサラ国の首都・舎衛国《しゃえこく》（城）にあった道場です。

かつて釈尊の時代、コーサラ国にスダッタというお金持ちがいました。彼は、孤独で貧しい人々に食べ物を給したので「給孤独《きっこどく》」とも呼ばれました。あるときスダッタが他国を訪れた際に、釈尊の教えを聞いて感銘を受け、コーサラ国でも教えを説いてほしいと申し出ます。釈尊はこれを受け入れ、コーサラ国に向かうこととなりました。

そこで、スダッタはコーサラ国で釈尊を受け入れられるように、王子であるジェーダ（祇陀）太子に土地を譲ってほしいとお願いします。尊い目的のために財を用いることを惜しまないスダッタの熱意を知った太子は、自身のもつ園林とその樹木を寄進したのでした。そこに、仏道修行に精進する者が住むための坊舎（精舎）が建てられたのです。

祇陀太子の樹木「祇樹」と、寄進を申し出たスダッタの土地「給孤独園」をあわせて、「祇樹給孤独園」という名がつけられ、その後、この地で多くの説法が行われることとなりました。

舍利弗下方世界

有師子仏名聞仏

名光仏達摩仏法

幢仏持法仏如是

書き下し

舍利弗《しゃりほつ》、下方《げほう》の世界《せかい》に、師子仏《ししぶつ》・名聞《みょうもん》仏《ぶつ》・名光仏《みょうこうぶつ》・達摩仏《だつまぶつ》・法幢仏《ほうどうぶつ》・持法仏《じほうぶつ》、かくのごときらの恒河沙数《ごうがしゃしゅ》の諸仏《しょぶつ》ましまして、おのおのその国《くに》において、広長《こうじょう》の舌相《ぜっそう》を出《いだ》し、あまねく三千大千《さんぜんだいせん》世界《せかい》に覆《おお》ひて、誠実《じょうじつ》の言《ごん》を説《と》きたまはく、

現代語訳

舍利弗《しゃりほつ》よ、また下方《げほう》の世界《せかい》にも、師子《しし》仏《ぶつ》・名聞仏《みょうもんぶつ》・名光仏《みょうこうぶつ》・達摩仏《だつまぶつ》・法幢仏《ほうどうぶつ》・持法仏《じほうぶつ》など、ガンジス河《がわ》の砂《すな》の数《かず》ほどのさまざまな仏《ほとけ》がたがおられ、それぞれの国《くに》でひろく舌相《ぜっそう》を示《しめ》して、世界《せかい》のすみずみにまで阿弥陀仏《あみだぶつ》のすぐれた徳《とく》が真実《しんじつ》であることをあらわし、まごころをこめて、

等恒河沙数諸仏
等恒河沙数諸仏
各於其国出広長
各於其国出広長
舌相徧覆三千大
舌相徧覆三千大
千世界説誠実言
千世界説誠実言

汝等衆生当信是
称讃不可思議功
徳一切諸仏所護
念経

書き下し

〈なんぢら衆生《しゅじょう》、まさにこの不可思議《ふかしぎ》の功徳《くどく》を称讃《しょうさん》したまふ一切諸仏《いっさいしょぶつ》に護念《ごねん》せらるる経《きょう》を信《しん》ずべし〉と。

現代語訳

〈そなたたち世《よ》の人々《ひとびと》よ、この《阿弥陀《あみだ》仏《ぶつ》の不可思議《ふかしぎ》な功徳《くどく》をほめたたえて、すべての仏《ほとけ》がたがお護《まも》りくださる経《きょう》》を信《しん》じるがよい〉と仰《おお》せになっている。

コラム 8

『阿弥陀経』が二つ？

二〇〇三年、村上春樹訳『キャッチャー・イン・ザ・ライ』が話題を呼びました。言わずと知れたJ・D・サリンジャー〝*The Catcher in the Rye*〟の日本語訳です。この作品はこれまでにも数回翻訳されていますが、なかでも有名なものといえば、野崎孝訳『ライ麦畑でつかまえて』でしょうか。このようないくつかの翻訳を比べてみるのも読書の楽しみ方の一つかもしれません。

経典も同様に、一つの原典が何度も翻訳されるということがあります。「その時代の人にわかりやすいように」「煩雑な内容を整理するために」など、理由はさまざまでしょう。

さて、『阿弥陀経』の原典である『スカーバティービューハ』にも複数の漢訳が存在します。鳩摩羅什《くまらじゅう》の翻訳から二〇〇年ほど後、唐の時代に、多くの功績を残した玄奘《げんじょう》という僧侶がいました。西遊記の「三蔵法師」のモデルとなった人物です。彼も同じく『スカーバティービューハ』を翻訳します。その経典が『称讃浄土仏摂受経《しょうさんじょうどぶっしょうじゅきょう》』という経典です。同じ原典を翻訳したものですから、内容はおおよそ同じです。

このように、同じ経典が何度も翻訳されることは、決して珍しいことではありません。経典のなかには略称が同じものもありますから、特定の経典を指す場合には、〝○○訳の『●●経』〟と呼んだりもします。本書で取り扱う経典は、〝鳩摩羅什訳の『阿弥陀経』〟となります。

ちなみに「三蔵法師」の「三蔵」とは、仏教に精通した人物に与えられる敬称です。玄奘だけでなく、鳩摩羅什も同じく「鳩摩羅什三蔵」と呼ばれます。この二人は中国仏教史上に残したその大きな功績から、ともに四大翻訳家の一人として数えられます。

舎利弗上方世界
舎利弗上方世界

有梵音仏宿王仏
有梵音仏宿王仏

香上仏香光仏大
香上仏香光仏大

焔肩仏雑色宝華
焔肩仏雑色宝華

書き下し

舎利弗《しゃりほつ》、上方《じょうほう》の世界《せかい》に、梵音仏《ぼんのんぶつ》・宿王仏《しゅくおうぶつ》・香上仏《こうじょうぶつ》・香光仏《こうこうぶつ》・大焔肩仏《だいえんけんぶつ》・雑色宝華厳身仏《ざっしきほうけごんしんぶつ》・娑羅樹王仏《しゃらじゅおうぶつ》・宝華徳仏《ほうけとくぶつ》・見一切義仏《けんいっさいぎぶつ》・如須弥山仏《にょしゅみせんぶつ》、かくのごときらの恒河沙数《ごうがしゃしゅ》の諸仏《しょぶつ》ましまして、

現代語訳

舎利弗《しゃりほつ》よ、また上方《じょうほう》の世界《せかい》にも、梵音仏《ぼんのんぶつ》・宿王仏《しゅくおうぶつ》・香上仏《こうじょうぶつ》・香光仏《こうこうぶつ》・大焔肩仏《だいえんけんぶつ》・雑色宝華厳身仏《ざっしきほうけごんしんぶつ》・娑羅樹王仏《しゃらじゅおうぶつ》・宝華徳仏《ほうけとくぶつ》・見一切義仏《けんいっさいぎぶつ》・如須弥山仏《にょしゅみせんぶつ》など、ガンジス河《がわ》の砂《すな》の数《かず》ほどのさまざまな仏《ほとけ》がたがおられ、

ポイント

浄土三部経の教え②
『観無量寿経』

『観無量寿経』のポイントは、「どんな者であっても」といえるでしょう。

厳身仏娑羅樹王

仏宝華徳仏見一

切義仏如須弥山

仏如是等恒河沙

『観無量寿経』には、浄土に往生する方法がいくつか説かれます。なかでも中心となるのは、阿弥陀仏とその浄土を思い浮かべることからはじまり、そのうち、本当に見えるようになる、という「観察《かんざつ》」の行です。そうはいっても、すべての人が自力でこのような行を達成できるわけではありません。

しかし、いくつもの修行法を説いたあと、釈尊は最後に「阿弥陀仏の名前を心にとどめなさい」と説かれます。つまり念仏の教えを相続することです。

親鸞聖人はこれに注目し、『観無量寿経』の本意は、自力で難しい修行を達成できない者に念仏の教えを残すことにあって、それは「どんな者であっても」浄土に生まれさせるという『無量寿経』の「願い」と同じだと見抜かれたのです。

数諸仏各於其国

数諸仏各於其国

出広長舌相徧覆

出広長舌相徧覆

三千大千世界説

三千大千世界説

誠実言汝等衆生

誠実言汝等衆生

書き下し

おのおのその国《くに》において、広長《こうじょう》の舌相《ぜっそう》を出《いだ》し、あまねく三千大千《さんぜんだいせん》世界《せかい》に覆《おお》ひて、誠実《じょうじつ》の言《ごん》を説《と》きたまはく、〈なんぢら衆生《しゅじょう》、まさにこの不可思議《ふかしぎ》の功徳《くどく》を称讃《しょうさん》し一切諸仏《いっさいしょぶつ》に護念《ごねん》せらるる経《きょう》を信《しん》ずべし〉と。

現代語訳

それぞれの国《くに》でひろく舌相《ぜっそう》を示《しめ》して、世界《せかい》のすみずみにまで阿弥陀仏《あみだぶつ》のすぐれた徳《とく》が真実《しんじつ》であることをあらわし、まごころをこめて、〈そなたたち世《よ》の人々《ひとびと》よ、この《阿弥陀仏《あみだぶつ》の不可思議《ふかしぎ》な功徳《くどく》をほめたたえて、すべての仏《ほとけ》がたがお護《まも》りくださる経《きょう》》を信《しん》じるがよい〉と仰《おお》せになっている。

当信是称讃不可
当信是称讃不可
思議功徳一切諸
思議功徳一切諸
仏所護念経
仏所護念経

舎利弗於汝意云
何何故名為一切
諸仏所護念経舎
利弗若有善男子

舎利弗於汝意云
何何故名為一切
諸仏所護念経舎
利弗若有善男子

書き下し

舎利弗《しゃりほつ》、なんぢが意《こころ》においていかん。なんがゆゑぞ名《な》づけて一切《いっさい》諸仏《しょぶつ》に護念《ごねん》せらるる経《きょう》とするや。舎利弗《しゃりほつ》、もし善男《ぜんなん》子《し》・善女人《ぜんにょにん》ありて、この諸仏《しょぶつ》の所説《しょせつ》の名《みな》および経《きょう》の名《な》を聞《き》かんもの、

現代語訳

舎利弗《しゃりほつ》よ、そなたはどう思《おも》うか。なぜこれを〈すべての仏《ほとけ》がたがお護《まも》りくださる経《きょう》〉と名《な》づけるのだろうか。

舎利弗《しゃりほつ》よ、もし善良《ぜんりょう》なものたちが、このように仏《ほとけ》がたがお説《と》きになる阿弥陀仏《あみだぶつ》の名《な》とこの経《きょう》の名《な》を聞《き》くなら、

善女人聞是諸仏
善女人聞是諸仏

所説名及経名者
所説名及経名者

是諸善男子善女
是諸善男子善女

人皆為一切諸仏
人皆為一切諸仏

ポイント

浄土三部経の教え③
『阿弥陀経』

『阿弥陀経』のポイントは、「名号」（「南無阿弥陀仏」のこと）といえるでしょう。

『阿弥陀経』には、浄土に往生する方法として、「阿弥陀仏の名号を聞き、その名号を心にとどめ、あるいは一日……あるいは七日の間、一心に思いを乱さないなら……」と説かれます。つまり、念仏の教えです。

共所護念皆得不

退転於阿耨多羅

三藐三菩提是故

舎利弗汝等皆当

書き下し

このもろもろの善男子《ぜんなんし》・善女人《ぜんにょにん》、みな一《いっ》切諸仏《さいしょぶつ》のためにともに護念《ごねん》せられて、みな阿耨多羅《あのくたら》三藐《さんみゃく》三菩提《さんぼだい》を退転《たいてん》せざることを得《え》ん。このゆゑに舎利弗《しゃりほつ》、なんぢらみなまさにわが語《ことば》および諸仏《しょぶつ》の所説《しょせつ》を信《しん》受《じゅ》すべし。舎利弗《しゃりほつ》、もし人《ひと》ありて、すでに発願《ほつがん》し、いま発願《ほつがん》し、まさに発願《ほつがん》して、阿弥陀仏国《あみだぶっこく》に生《しょう》ぜんと欲《おも》はんものは、

現代語訳

これらのものはみな、すべての仏《ほとけ》がたに護《まも》られて、この上《うえ》ないさとりに向《む》かって退《しりぞ》くことのない位《くらい》に至《いた》ることができる。だから舎利弗《しゃりほつ》よ、そなたたちはみな、わたしの説《と》くこの教《おし》えと、仏《ほとけ》がたのお説《と》きになることを深《ふか》く信《しん》じて心《こころ》にとどめるがよい。
舎利弗《しゃりほつ》よ、もし人々《ひとびと》が阿弥陀仏《あみだぶつ》の国《くに》に生《うま》れたいとすでに願《ねが》い、または今願《いまねが》い、あるいはこれから願《ねが》うなら、

信受我語及諸仏
信受我語及諸仏

所説舎利弗若有
所説舎利弗若有

人已発願今発願
人已発願今発願

当発願欲生阿弥
当発願欲生阿弥

味わう

●**阿《あ》耨《のく》多《た》羅《ら》三《さん》藐《みゃく》三《さん》菩《ぼ》提《だい》** この上ない仏のさとり。

●**不《ふ》退《たい》転《てん》** 不退ともいう。いまの境地からもとへ戻ったり、地位を失ったりしないこと。ここでは、善男子・善女人が必ずこの上ないさとりを得ることが定まったことをいう。阿毘跋致（四九頁）と同じ。

陀仏国者是諸人

等皆得不退転於

阿耨多羅三藐三

菩提於彼国土若

書き下し

このもろもろの人等《ひとら》、みな阿耨多羅《あのくたら》三藐《さんみゃく》三《さん》菩提《ぼだい》を退転《たいてん》せざることを得《え》て、かの国《こく》土《ど》において、もしはすでに生《うま》れ、もしはいま生《うま》れ、もしはまさに生《うま》れん。このゆゑに舎利弗《しゃりほつ》、もろもろの善男子《ぜんなんし》・善女《ぜんにょ》人《にん》、もし信《しん》あらんものは、まさに発願《ほつがん》してかの国土《こくど》に生《うま》るべし。

現代語訳

みなこの上《うえ》ないさとりに向《む》かって退《しりぞ》くことのない位《くらい》に至《いた》り、その国《くに》にすでに生《うま》れているか、または今生《いまうま》れるか、あるいはこれから生《うま》れるのである。

だから舎利弗《しゃりほつ》よ、仏《ほとけ》の教《おし》えを信《しん》じる善《ぜん》良《りょう》なものたちは、ぜひともその国《くに》に生《うま》れたいと願《ねが》うべきである。

已生若今生若当
生是故舎利弗諸
善男子善女人若
有信者応当発願

ポイント

浄土三部経の教え④
浄土三部経をつなぐ念仏

これまでに挙げた「願い」「どんな者であっても」「名号」を用いて、念仏の教えをまとめてみましょう。

コラム6「私の称える念仏は〝阿弥陀仏の願い〟」（六五頁）でも説明しましたが、私が一生懸命にお願いすることで往生するのではありません。私が往生できるのは、それよりも先に阿弥陀仏の「願い」があるからです。

さて、その願いとは何かといえば、それは「どんな者であっても」浄土に往生させるというものでした。そして、阿弥陀仏はその願いを南無阿弥陀仏という「名号」におさめてくださいました。私たちはその阿弥陀仏の願いを疑うことなく信じ、念仏することで浄土へと往生していくのです。

生彼国土

このように、一見異なる教えを説くように見える浄土三部経の教えは、その根底に一貫して流れる阿弥陀仏の「願い」が「念仏の教え」となってつながっているのです。

流通分

いよいよ、釈尊の説法も終わりを迎えます。釈尊は最後に、阿弥陀仏の浄土に生まれたいと願いなさいと勧めます。

舍利弗如我今者
称讃諸仏不可思
議功徳彼諸仏等
亦称説我不可思

書き下し

舍利弗《しゃりほつ》、われいま諸仏《しょぶつ》の不可思議《ふかしぎ》の功徳《くどく》を称讃《しょうさん》するがごとく、かの諸仏等《しょぶつら》もまた、わが不可思議《ふかしぎ》の功徳《くどく》を称説《しょうせつ》してこの言《ごん》をなしたまはく、〈釈迦牟尼仏《しゃかむにぶつ》、よく甚難希有《じんなんけう》の事《じ》をなして、

現代語訳

舍利弗《しゃりほつ》よ、わたしが今《いま》、仏《ほとけ》がたの不可《ふか》思議《しぎ》な功徳《くどく》をほめたたえているように、その仏《ほとけ》がたもまた、わたしの不可思議《ふかしぎ》な功徳《くどく》をほめたたえてこのように仰《おお》せになっている。

〈釈迦牟尼仏《しゃかむにぶつ》は、世《よ》にもまれな難《むずか》しく尊《とうと》い行《ぎょう》を成《な》しとげられた。

議功徳而作是言
議功徳而作是言
釈迦牟尼仏能為
釈迦牟尼仏能為
甚難希有之事能
甚難希有之事能
於娑婆国土五濁
於娑婆国土五濁

味わう

●**釈迦牟尼仏**《しゃかむにぶつ》　「釈迦」は種族の名、「牟尼」は聖者の意で、釈迦族の聖者をいう。釈尊のことを指す。

●**娑婆**《しゃば》　私たちの住む現実世界のこと。内にはさまざまな苦悩を受け、外には寒・暑・風・雨などの苦を受けて、これを堪え忍ばなければならない。

悪世劫濁見濁煩
悪世劫濁見濁煩
悩濁衆生濁命濁
悩濁衆生濁命濁
中得阿耨多羅三
中得阿耨多羅三
藐三菩提為諸衆
藐三菩提為諸衆

書き下し

よく娑婆《しゃば》国土《こくど》の五濁《ごじょく》悪世《あくせ》、劫濁《こうじょく》・見《けん》濁《じょく》・煩悩濁《ぼんのうじょく》・衆生濁《しゅじょうじょく》・命濁《みょうじょく》のなかにおいて、阿耨多羅《あのくたら》三藐《さんみゃく》三菩提《さんぼだい》を得《え》て、もろもろの衆生《しゅじょう》のために、この一切世間《いっさいせけん》難信《なんしん》の法《ほう》を説《と》きたまふ〉と。舎利弗《しゃりほつ》まさに知《し》るべし、われ五濁《ごじょく》悪世《あくせ》においてこの難《なん》事《じ》を行《ぎょう》じて、

現代語訳

娑婆《しゃば》世界《せかい》はさまざまな濁《にご》りに満《み》ちていて、汚《よご》れきった時代《じだい》の中《なか》、思想《しそう》は乱《みだ》れ、煩悩《ぼんのう》は激《はげ》しくさかんであり、人々《ひとびと》は悪事《あくじ》を犯《おか》すばかりで、その寿命《じゅみょう》はしだいに短《みじか》くなる。そのような中《なか》にありながら、この上《うえ》ないさとりを開《ひら》いて、人々《ひとびと》のためのにすべての世《よ》に超《こ》えすぐれた信《しん》じがたいほどの尊《とうと》い教《おし》えをお説《と》きになったことである〉

舎利弗《しゃりほつ》よ、よく知《し》るがよい。わたしは

生説是一切世間

生説是一切世間

難信之法舎利弗

難信之法舎利弗

当知我於五濁悪

当知我於五濁悪

世行此難事得阿

世行此難事得阿

濁《にご》りと悪《あく》に満《み》ちた世界《せかい》で難《むずか》しい行《ぎょう》を成《な》しとげ、

味わう

●**五濁《ごじょく》**　悪世においてあらわれる避けがたい五種のけがれのこと。後に続く劫濁《こうじょく》・見《けん》濁《じょく》・煩悩濁《ぼんのうじょく》・衆生濁《しゅじょうじょく》・命濁《みょうじょく》を指す。

①**劫濁**　時代のけがれ。飢饉や疫病、戦争などの社会悪が増大すること。

②**見濁**　思想の乱れ。邪悪な思想、見解がはびこること。

③**煩悩濁**　煩悩が盛んになること。

④**衆生濁**　衆生の資質が低下し、さまざまな悪をほしいままにすること。

⑤**命濁**　衆生の寿命が次第に短くなること。

●**難信《なんしん》の法**　信じがたいほどの尊い教え。ここでは、この『阿弥陀経』に説かれる念仏往生の教えのことをいう。

耨多羅三藐三菩
耨多羅三藐三菩
提為一切世間説
提為一切世間説
此難信之法是為
此難信之法是為
甚難仏説此経已
甚難仏説此経已

書き下し

阿《あ》耨多羅《のくたら》三藐《さんみゃく》三菩提《さんぼだい》を得《え》て、一切世間《いっさいせけん》のために、この難信《なんしん》の法《ほう》を説《と》く。これを甚難《じんなん》とす」と。

仏《ぶつ》、この経《きょう》を説《と》きたまふこと已《おわ》りて、舎利弗《しゃりほつ》およびもろもろの比丘《びく》、一切世間《いっさいせけん》の天《てん》・人《にん》・阿修羅《あしゅら》等《とう》、仏《ぶつ》の所説《しょせつ》を聞《き》きたてまつりて、歓喜《かんぎ》し信受《しんじゅ》して、礼《らい》をなして去《さ》りにき。

現代語訳

この上《うえ》ないさとりを開《ひら》いて仏《ほとけ》となり、すべての世界《せかい》のもののためにこの信《しん》じがたいほどの尊《とうと》い教《おし》えを説《と》いたのである。このことこそ、まことに難《むずか》しいことなのである」
　このように仰《おお》せになって、釈尊《しゃくそん》がこの教《おし》えを説《と》きおわられると、舎利弗《しゃりほつ》をはじめ、多《おお》くの修行僧《しゅぎょうそう》たちも、すべての世《せ》界《かい》の天人《てんにん》や人々《ひとびと》も、阿修羅《あしゅら》などもみな、

舎利弗及諸比丘
舎利弗及諸比丘
一切世間天人阿
一切世間天人阿
修羅等聞仏所説
修羅等聞仏所説
歓喜信受作礼而
歓喜信受作礼而

この尊《とうと》い教《おし》えを承《うけたまわ》って喜《よろこ》びに満《み》ちあふれ、深《ふか》く信《しん》じて心《こころ》にとどめ、うやうやしく礼拝《らいはい》して立《た》ち去《さ》ったのである。

味わう

●阿修羅《あしゅら》　古代インドの神で、ヴェーダ聖典では帝釈天などと争う悪神とされた。仏教においても闘争を好む鬼神とされる一方で、仏法を護持する鬼神（善神）ともされる。

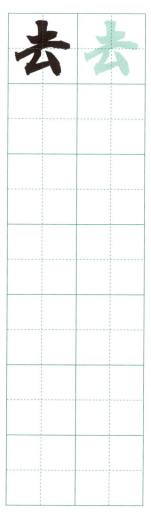

ポイント

仏の願い、私の願い

証誠段のおわりには、「已発願・今発願・当発願」（すでに願い、またはいま願い、あるいはこれから願うなら）とあります。

「願い」といえば、それは「阿弥陀仏の願い」であると説明してきましたが、ここにきて、すべての人びとに対して「浄土に往生したいと願いなさい」と説かれています。どういうことでしょうか。

阿弥陀仏はすべての人びとを浄土に往生させたいと願い、往生させると誓われました。その願いが、すでにこの世界を去られた人びとと、今に生きる私、そして未来の人びとにも等しく向けられています。

「浄土なんて本当にあるわけない」と思っている間は、浄土に生まれたいと願うことはないでしょう。この阿弥陀仏の願いを疑うことなく信じることができたときに、ようやく心から浄土に生まれたいという願いが起こります。

阿弥陀仏の願いがあって、私の願いがあるのです。私の願いがおこるのも阿弥陀仏の願いがあってこそです。阿弥陀仏の願いは決して条件付きのものではないのです。

コラム 9

浄土真宗の教えは死後の話？

『阿弥陀経』をはじめ、『無量寿経』『観無量寿経』など他の多くの経典にも、美しい浄土の姿が細かく描かれています。しかし、これは単に悩みや苦しみの多いこの世界を抜け出すことを勧めている、厭世的な教えではありません。

浄土真宗の教え、さらにいえば、仏教の教えとは、決していのち終わったあとの話ではありません。ある方はこれを棒高跳びに喩えています。

棒高跳びの世界記録は六メートルを超えています。どうして、そんな高い場所で棒から手が離せるのでしょうか。落ちていく選手は恐くないのでしょうか。

棒高跳びの選手が、競技の前に真っ先に確認するのは、マットの安全性だそうです。安全なマットがあるからこそ、フルスピードで助走をつけることができ、安心して高いところから落ちていくことができます。では、その落ちていく先のマットが見えなかったらどうでしょうか。

このお話では、阿弥陀仏の浄土を自分のいのちを任せられるマットに喩えています。私たちは、今手にしているいのちの棒を放さなければならないときが、いつか必ずやってきます。そのとき、その先にあるマットの存在を知っているのと知らないのとでは、大きな違いがあるのではないでしょうか。自分を受けとめてくれるマットに気付いたとき、今の生涯を懸命に走っていくことができるのです。

あとがき

「書いて味わう」シリーズは、「正信偈」「讃仏偈・重誓偈」「御文章」と刊行されており、本書が第四作となります。本シリーズの目的は、日頃耳にしたり、声に出したりする聖教を、実際に自分で書くことで、その味わいを深めようというものです。日常を振り返ってみると、ペンや筆を握る機会がほとんどないことに気付きます。それらを使わなくても、手紙、年賀状、仕事の書類、日記や手帳に至るまで、すべてパソコンや携帯電話ですんでしまいます。

ところで、印刷技術が確立するまで、経典は人の手によって書写されてきました。そんなことは当たりまえだと思われるかもしれません。では、本書で取り上げた『阿弥陀経』の十倍も百倍もある書物も同様に書写されてきた、と考えるとどうでしょうか。決して分量だけの問題ではありませんが、それほどのものを書写できたのは、単なる作業としてではなく、書写してこその内容を受け取れる、そして、それらを後世に伝えなければ、もしくは伝えたいという思いがあってのことでしょう。

現代では経典を手書きで残す必要はありません。そう考えれば、経典の書写は無意味なことかもしれません。ただ、ゆっくりと落ち着いてペンや筆を手にし、そして先人の行ってきた経典の書写という行為を体験することで、きっとこれまでとは違った味わいを見出していただけると思います。

本書のお手本は、「書いて味わう」シリーズ前作までと同じく、山本慧氏にお願いしました。書き下し及び現代語訳は『浄土真宗聖典―註釈版　第二版―』『浄土真宗聖典―現代語版―』より転載いたしました。また、解説の執筆にあたっては、多くの方にご指導賜りました。記して心より御礼申しあげます。

２０１６年８月

真名子　晃征

出典

書き下し●『浄土真宗聖典〈註釈版〉』第二版（本願寺出版社）

現代語訳●『浄土真宗聖典〈現代語版〉』（本願寺出版社）

参考文献

藤田宏達・櫻部健『浄土仏教の思想　第一巻　無量寿経　阿弥陀経』（講談社）

中村元・早島鏡正・紀野一義『浄土三部経（下）』（岩波文庫）

辻本敬順『阿弥陀経のことばたち』（本願寺出版社）

瓜生津隆真『聖典セミナー阿弥陀経』（本願寺出版社）

『浄土真宗聖典註釈版〈七祖篇〉』（本願寺出版社）

『浄土真宗辞典』（本願寺出版社）

『岩波仏教辞典第二版』（岩波書店）

満井秀城「聖典セミナー〈Ⅲ〉仏説阿弥陀経」（『季刊せいてん』〈本願寺出版社〉no.96 ~ no.100）

浄土宗総合研究所編『現代語訳 浄土三部経』（浄土宗出版）

横超慧日・諏訪義純『人物 中国の佛教 羅什』（大蔵出版）

書いて味わう阿弥陀経

２０１６年10月17日　第１刷発行
２０２３年１月30日　第３刷発行

［書］山本　慧（元 浄土真宗本願寺派・浄書）
［解説］真名子　晃征（元 浄土真宗本願寺派総合研究所　研究助手）

［発行］本願寺出版社
〒６００-８５０１　京都市下京区堀川通花屋町下ル（西本願寺）
ＴＥＬ０７５（３７１）４１７１　ＦＡＸ０７５（３４１）７７５３
https://hongwanji-shuppan.com/
［印刷］株式会社アール工芸印刷社
ISBN978-4-89416-435-2　C0015　KR02-SH3-①10-32